Uwe Böhm, Judith Budwig,
Zehra Isikhan-Vieriu, Isabelle Kraft,
Dieter Kümmel

Interreligiöses Lernen und Multireligiöse Feier

Ermutigung aus der Praxis für die Praxis

Schneider Verlag Hohengehren GmbH

Coverbilder: privat

Gedruckt auf umweltfreundlichem Papier (chlor- und säurefrei hergestellt).

Bibliografische Information der Deutschen Nationalbibliothek

Die Deutsche Nationalbibliothek verzeichnet diese Publikation in der Deutschen Nationalbibliografie; detaillierte bibliografische Daten sind im Internet über ›http://dnb.dnb.de‹ abrufbar.

ISBN: 978-3-8340-2207-3

Schneider Verlag Hohengehren, Wilhelmstr. 13,
D-73666 Baltmannsweiler
www.paedagogik.de

Printed in Germany – Druck: Format Druck, Stuttgart

Interreligiöses Lernen und Multireligiöse Feier

Vorwort als Ermutigung

Alte, vertraute und bewährte Wege zu verlassen, ist nicht immer einfach, gerade auch wenn es um die eigene religiöse Tradition geht.

Denn sie vermag durch das ritualisierte Wiederholen von bekannten Formen und Inhalten Geborgenheit und Verankerung zu schenken. Der Glaube ist gewissermaßen eine innere Heimat, in der man sich in der Gemeinschaft mit anderen aufgehoben fühlt, die man deshalb auch nicht gerne aufgibt.

In einer sich schnell verändernden Welt ist sie zudem oft der letzte Hort des Wohlvertrauten, Bleibenden und Beständigen. Gegenüber neuen Wegen gibt es deshalb immer auch Vorbehalte, die in der Angst begründet sind, das bisherige religiöse Zuhause damit preiszugeben.

Gleichzeitig aber ist der Glaube - wie Religion überhaupt - keine Insel. Er ist etwas Lebendiges. Wie die Luft zum Atmen braucht der Glaube immer auch Begegnung und Gespräch, sonst stirbt er. Dementsprechend ist die religiöse Praxis auch beständig in Kommunikation mit der gegenwärtigen Wirklichkeit. Verändert sich diese, muss sich gegebenenfalls auch die religiöse Praxis wandeln.

Die Schulen haben sich in den letzten Jahrzehnten grundlegend verändert. Sie sind als Ort des Lehrens und Lernens pluraler und zugleich heterogener geworden, nicht zuletzt auch im Hinblick auf die Religionen. Das erfordert neue Formen gemeinschaftlichen Feierns und Lernens.

Schule gelingt dann, wenn Lernende und Lehrende sie trotz aller Unterschiedlichkeit und Verschiedenheit als Ort wirklicher Gemeinschaft erleben können. Multireligiöse Feiern und interreligiöses Lernen können dazu einen wichtigen Beitrag leisten. Sie bieten Gelegenheit, gegenseitiges Vertrauen trotz unterschiedlichen Glaubens wachsen zu lassen und können dadurch zu einem Raum werden, an dem versöhnte Verschiedenheit gelebt wird. Wenn das gelingt, werden sie dadurch auch zu einem Vorbild für die ganze Gesellschaft.

Oft herrscht zwischen den Religionen eine Art von Konkurrenz. So gibt es vielfach die Unkultur ständiger Abgrenzung, aus der dann ein polarisierendes Gegeneinander – „nur mein

Glaube ist der wahre Glaube"- oder auch ein gleichgültiges Nebeneinander –„was andere glauben interessiert mich nicht"- erwachsen. Das ist kein gemeinschaftsfördernder Weg.

Wir brauchen im Raum der Religion einen grundlegenden Wandel: Vom abschätzigen, manchmal sogar feindseligen Ohneeinander, zu einem neugierigen, oft auch bereichernden Miteinander, zu einer Kultur der wertschätzenden Achtsamkeit für den Menschen, der anders glaubt als ich selbst. Nur dadurch wird Religion unserer Meinung nach an der Schule auch Zukunft haben. Interreligiöses Lernen und multireligiöse Feiern geschehen in diesem Geiste: Wir feiern und lernen gemeinsam, trotz, ja vielleicht sogar wegen unseres Glaubens.

Entscheidend für das Gelingen von multireligiösen Feiern und interreligiösem Lernen ist eine gute Vorbereitung im Geiste gegenseitigen Respekts. Meist verlieren sich in den Gesprächen und Diskussionen viele Ängste und Unsicherheiten. Etwa die Sorge, die eigene Tradition zu verlieren oder das Gegenüber in seinem religiösen Empfinden zu verletzen; oder auch die Unsicherheit im Wissen um die eigene und noch viel mehr die andere religiöse Tradition.

So möchten wir mit diesem Buch Mut machen zum interreligiösen Lernprozess und zur multireligiösen Feier. Mut, in einer sich veränderten Schulwelt neue Wege zu gehen, aufeinander zuzugehen und voneinander zu lernen und so schlussendlich auch die eigene Sprachfähigkeit im Hinblick auf den Glauben zu stärken.

„Für die Suche nach Wahrheit ist auf der Basis des christlichen Glaubens die eigene Position nie hinreichend, sondern der Austausch mit anderen konstitutiv. Paradigma der Wahrheitssuche ist nicht die einsame Reflexion, sondern der Dialog, der seine tiefste Form im Dialog mit Gott hat. Das Gespräch mit Gott wird so zur Basis auch des Gesprächs miteinander innerreligiös, interreligiös und über die Grenzen der Religionen hinaus. Die Praxis des Dialogs lebt von einer Kultur der Gastfreundschaft, die Respekt, Toleranz, Kommunikationsbereitschaft und Kooperationsgemeinschaft miteinander verbindet."

(Prof. Dr. Christoph Schwöbel, 1955 - 2021, Vorlesungsmitschrieb)

Was Christoph Schwöbel in Bezug auf den christlichen Glauben sagt, gilt unserer Meinung nach auch für Judentum und Islam. Aus diesem Geist heraus ist das Buch auch entstanden Der Begriff „Wahrheit" ist natürlich ein großes Wort. Im Schlusskapitel wollen wir ihn deshalb in seinen verschiedenen Facetten entfalten.

In Baden-Württemberg ist 2015 „eine Handreichung für die Fachkonferenzen Evangelische und Katholische Religionslehre und Schulleitungen aller Schularten“ von den vier Kirchen in Baden-Württemberg mit dem Titel „Religiöse Feiern im multireligiösen Kontext der Schule“ erschienen. Neben der theologischen Grundlegung sind die rechtlichen Bestimmungen erläutert. Die möglichen Modelle der religiösen Begegnung werden dargestellt und die einzelnen Schritte der Planung aufgezeigt. Die wesentlichen Aspekte führen zu einem Weg gelingender multireligiöser Feiern. Diese vorliegende Veröffentlichung zeigt, wie diese Aspekte in die Praxis umgesetzt werden können. Zu jeder Schulart sind in der baden-württembergischen Handreichung konzeptionelle Vorschläge abgedruckt.

Wer im eigenen Glauben gewiss ist, kann sich ohne Angst in den Dialog mit Vertreter*innen anderer Religionen und Konfessionen begeben. In diesem interreligiösen und ökumenischen Prozess entsteht eine doppelte Bewegung: Die eigene Glaubenstradition wird bewusster wahrgenommen und andere Glaubenstraditionen als Bereicherung ernst genommen. Dieser Weg ist eher friedensstiftend und ist ein lebenslanger Lernprozess.

„Bislang kann noch nicht auf eine breite Erfahrungsbasis im Blick auf die Kooperation zwischen christlichem und muslimischem Religionsunterricht zurückgegriffen werden.“ (Schweitzer/Ulfat, S. 268). Dies haben Professor Friedrich Schweitzer und Professorin Fahimah Ulfat in ihrer aktuellen interreligiösen Religionsdidaktik aus christlicher und islamischer Sicht herausgefunden. Sie kommen daher zu dem Schluss: „Für die Zukunft wäre es wichtig, weitere Erfahrungen mit der interreligiösen Kooperation im Religionsunterricht zu gewinnen und diese auch zu dokumentieren.“ (A.a.O, S. 275) Dies war eine Motivation für dieses Buch.

Die Autor*innen dieser Veröffentlichung haben in der schulischen Praxis und auch in anderen Kontexten das hier Geschriebene erfahren. Die Darstellungen in dieser Veröffentlichung sind keine wissenschaftlichen Abhandlungen, nehmen jedoch wissenschaftliche Erkenntnisse auf. Es ist ein Buch der reflektierten Praxis für die Praxis. Die Verfasser*innen der einzelnen Kapitel sind in den jeweiligen Religionen zuhause und öffnen ihre Fenster zu anderen religiösen Sichtweisen und Perspektiven. Neben den offiziellen Darstellungen kommen auch individuelle Einsichten zur Geltung. Denn: Es gibt eben nicht *das* Judentum, *das* Christentum oder *den* Islam.

Vorstellung der Autor*innen durch Zitate

Dr. Uwe Böhm
(Lehrer für evang. Religionslehre, Mathematik und Musik, evang. Schuldekan)

„Ich werde am Du" – so behauptet es der jüdische Philosoph Martin Buber. Das gilt auch für die interreligiöse Begegnung.

Judith Budwig
(Sozialpädagogin, Familientherapeutin, Jüdin)

„Es gibt in einem anderen Menschen nichts, was es nicht auch in mir gibt. Dies ist die einzige Grundlage für das Verstehen der Menschen untereinander." (Erich Fromm)

Zehra Isikhan-Vieriu
(Islamische Religionslehrerin, Lehrbeauftragte für Islamische Theologie/Religionspädagogik

Spirituelle Diversität ist die Vielfalt der Sprachen der Liebe.

Isabelle Kraft
(Evangelische Religionslehrerin, Gemeindepädagogin, Jugendreferentin für Internationale Gemeinden)

Den Reichtum der Vielfalt schmeckt man auf den Brücken von Mensch zu Mensch.

Dieter Kümmel
(Gemeindepfarrer, Gefängnisseelsorger, Initiator des Projektes „Aufeinander zugehen")

Jede interreligiöse Begegnung bringt meine Gehirnzellen in Schwung, lockt mich aus dem Gewohnten, weitet meinen Blick, klärt meinen Glauben, schafft Gemeinschaft in Verschiedenheit.

Diese Veröffentlichung will durchgeführte Modelle und Bausteine aus der Praxis für die Praxis erschließen. Die Autor*innen freuen sich, wenn die Lesenden ebenfalls sich auf den interreligiösen Weg begeben und dadurch die religionspädagogische Arbeit in der Schule für die Zukunft weiter entwickeln.

Inhaltsverzeichnis

Interreligiöses Lernen

1. Interreligiöses Lernen im schulischen Kontext

In dieser Veröffentlichung geht es primär um interreligiöse und interkulturelle Aspekte im Raum der Schule. Der evangelische und katholische Religionsunterricht hat in der Bundesrepublik Deutschland aufgrund der Erfahrung des Nationalsozialismus einen besonderen Status, daher wird der Religionsunterricht vor der inhaltlichen Einflussnahme des Staates geschützt und die inhaltliche Verantwortung zunächst den Kirchen überlassen. Religionsunterricht ist ordentliches Unterrichtsfach und der Staat sorgt dafür, dass es stattfinden kann. Die einzelnen Bundesländer können die Umsetzung verschieden regeln, da sie die Bildungshoheit besitzen. Dadurch bekommt der nicht-konfessionelle Unterricht (ethischer oder philosophischer Unterricht) in den Bundesländern unterschiedliche Bedeutung (zum Beispiel als Ersatz- oder Alternativfach).

In den letzten Jahrzehnten haben auch andere Konfessionen und Religionen einen Religionsunterricht eingerichtet: In den Bundesländern gibt es zum Beispiel orthodoxen, altkatholischen, syrisch-orthodoxen, jüdischen und auch islamischen Religionsunterricht sunnitischer oder alevitischer Prägung. Zunehmend nehmen auch nicht-getaufte Schülerinnen und Schüler am konfessionell geprägten Religionsunterricht teil. Dies fordert die Lehrpersonen in interreligiösen Prozessen neu heraus: Wie kann zukünftig die wachsende Gruppe der Konfessionsungebundenen adäquat im Rahmen der schulischen religiös-ethischen Bildung berücksichtigt werden? Dies ist eine wichtige Fragestellung, die jedoch den Rahmen dieser Veröffentlichung sprengen würde. Deshalb verweisen wir auf die jüngste Veröffentlichung der Evangelischen Kirche in Deutschland: EKD (Hg.): Religiöse Bildung angesichts von Konfessionslosigkeit. Aufgaben und Chancen, Leipzig 2020.

1.1 Gesellschaftliche Veränderungen als Herausforderung

Globalisierung als komplexer Prozess weltweiter Verflechtung von Lebensbereichen, insbesondere der Wirtschaft, ist der umfassende Hintergrund, vor dem interreligiöses (und interkulturelles) Lernen heute stattfindet. Deutschland wurde zwar lange Zeit nicht als Einwanderungsland betitelt - aber faktisch auch schon im Lauf des zwanzigsten Jahrhunderts durch Migration, verschiedene kulturelle und religiöse Milieus geprägt. Dies wurde unter anderem sichtbar durch den Zuzug von Gastarbeitern und ihren Familien, hauptsächlich aus der Türkei.

Die wachsende Gruppe der eingewanderten Bürger*innen ist eine Bereicherung der Gesellschaft. Die Vielfalt der Kulturen eröffnet eine globalisierte und auch digitalisierte Welt. Die Wahrnehmung anderer Gewohnheiten und Traditionen sind medial näher als früher. Die Gesellschaft öffnet sich zur Welt hin. Die kulinarische Vielfalt ist nicht nur in Städten genießbar. Auch besteht an fast jedem Ort der Welt die Möglichkeit, Urlaub, ehrenamtliches Engagement oder berufliche Erfahrungen zu erleben. Die Bürger*innen befreien sich aus der lokalen Enge und religiösen Einseitigkeit.

Durch die Zusammenführung der neuen Bundesländer ist die Zahl der Konfessionsungebundenen in der Bundesrepublik gestiegen. Auch in westdeutschen Schulen gibt es zunehmend mehr Schüler*innen, die keiner Religion oder Konfession angehören. Oft nehmen diese Schüler*innen auch am Religionsunterricht teil.

Zudem besitzen heute die Menschen die Möglichkeit, über große Entfernungen hinweg die Lebensformen anderer Menschen kennen zu lernen und werden zunehmend mit anderen Gewohnheiten vertraut. Diese Entwicklung wird zum einen durch den Fortschritt technischer und elektronischer Kommunikationssysteme beeinflusst, zum anderen durch Migrationsprozesse, die überall auf der Welt stattgefunden haben und immer noch stattfinden. Auch in Deutschland kam es im Zuge dieser Migrationsprozesse zu einem Zuzug von Immigranten, die ihre Kulturen und Religionen mitbrachten, sodass man von einer multikulturellen und religiös-pluralen Gesellschaft sprechen kann.

Des Weiteren kamen mit der Wiedervereinigung fünf Bundesländer hinzu, in denen nach den Jahren des Sozialismus nur sehr bedingt religiöse oder gar konfessionelle Milieus vorherrschen. Durch Umzug innerhalb von Deutschland nimmt auch die Konfessionsverbundenheit in der Gesellschaft ab.

Diese kulturelle und religiöse Pluralität gehört zu den Kontextbedingungen heutigen schulischen Lernens und bringt neue Anforderungen für Lehrkräfte mit sich. Wie kann Umgang mit religiöser Vielfalt gelernt bzw. gelehrt werden? Welche Möglichkeiten bietet interreligiöses Lernen?

1.2 Was ist „interreligiöses Lernen“?

Interreligiöses Lernen ist das Lernen zwischen („inter“) den Angehörigen verschiedener Religionen. Stephan Leimgruber differenziert zwischen interreligiösem Lernen im engeren Sinn, bei dem das Zusammenleben (Konvivenz) und das Gespräch in direkten Begegnungen im Zentrum stehen, und dem interreligiösen Lernen im weiteren Sinn, zu dem alle direkten und indirekten Wahrnehmungen gehören, die eine Religion und deren Angehörige betreffen, die verarbeitet und in das eigene Bewusstsein aufgenommen werden (vgl. Leimgruber, S.20).

Als Gründe für interreligiöses Lernen an der Schule lassen sich anführen: Die oben beschriebene gesellschaftliche Veränderung mit dem Ziel, eines friedlichen Zusammenlebens in der pluralen Gesellschaft. Dabei ist die Entwicklung des Individuums zum besseren Verstehen der Anderen und zur Toleranz sowie zum Abbau von Vorurteilen grundlegend. Dies bedeutet nicht das Aufgeben der eigenen religiösen Position, sondern eine Weiterentwicklung, Festigung und Vertiefung des eigenen Glaubens durch die Auseinandersetzung mit einer anderen Religion.

Aus den genannten Gründen und gesellschaftlichen Voraussetzungen lassen sich didaktische Leitlinien für interreligiöses Lernen nennen: Der „Königsweg“ des interreligiösen Lernens im engeren Sinn ist die direkte Begegnung zwischen Angehörigen verschiedener Religionen oder mit authentischen Zeugnissen gelebter Religion. Es geht nicht um das Wissen über eine andere Religion, sondern um die Berührung mit gelebter Religion. Dies stiftet Anlässe zur Nachdenklichkeit. Interreligiöses Lernen ist ein lebendiges Begegnungslernen mit dialogischen, handlungsorientierten und medialen Einheiten. Dabei sind die Religionen in ihrem Eigencharakter, in ihren historischen und gegenwärtigen Strukturen und Kontexten in den Blick zu nehmen. Dies schließt nicht die Wahrnehmung der Vielfalt innerhalb einer Religion aus. Gerade in der Begegnung werden religiöse Besonderheiten einer Gruppe innerhalb der anderen Religion erkennbar.

Der Entwicklungsstand der Schüler*innen muss beim interreligiösen Lernen jedoch berücksichtigt werden. Es gilt eine stufenspezifische Didaktik. Im Primarbereich sind andere Fragestellungen und Bedürfnisse vorhanden, andere Kenntnisse und Fähigkeiten vorauszusetzen. Kindern in der Grundschule ist das achtsame Beobachten und anfängliches Verstehen des Unbekannten und Anderen möglich. Sie entdecken ihre Umwelt mit neugierigem Blick und fragen nach, wenn ihnen Neues und Ungewohntes begegnet. Es geht um die Sensibilisierung für und Wertschätzung des Anderen als ethische und religiöse

Grundfähigkeit. In der Sekundarstufe können die Schüler*innen ihre Dialogfähigkeit schulen, interreligiöse Beobachtung und Erfahrungen reflektieren und zu einem tieferen Verständnis gelangen. Dabei müssen möglicherweise alte Einstellungen korrigiert, eigene Religiosität weiterentwickelt und neue Standpunkte entdeckt werden.

Interreligiöses Lernen ist nicht auf eine bestimmte Methode oder Unterrichtskonzeption festgelegt. Wichtig sind jedoch die folgenden didaktisch-methodischen Aspekte zu berücksichtigen: unterschiedliche Personen und religiöse Zeugnisse wahrnehmen, religiöse Phänomene deuten und die bleibende Unterschiedlichkeit respektieren. Dies fordert auch Theo Sundermeier in seiner Differenzhermeneutik, „die das Differente verstehen lehrt, ohne es zu vereinnahmen, die praktische Hilfe bietet, die Nähe des Zusammenlebens einzuüben, und zugleich die richtige Distanz bewahrt, die die Identität des Fremden respektiert und die uns allen gemeinsame Menschenwürde achtet." (Sundermeier, S. 13) „Es gibt nur Annäherungen in diesem Verstehensprozess, deshalb kommt er nie zu einem Ende, eröffnet aber immer neue Perspektiven. Eine Horizontverschmelzung gibt es nicht." (Sundermeier, S. 188) Somit birgt die Verschiedenheit lebenslanges Lernen in sich.

1.3 Konzeptionen interreligiösen Lernens

Im Folgenden werden Konzeptionen, die interreligiöses Lernen nach Stephan Leimgruber besonders berücksichtigen, beschrieben. Möglichkeiten der Umsetzung werden beispielhaft genannt.

Interreligiöses Lernen als komparatives Lernen

Komparatives Lernen ist ein Lernen durch Vergleichen, Entgegensetzen und Parallelisieren der verschiedenen Religionen. Wichtige Prinzipien des komparativen Lernens sind:

1. Erfahrungsbezug: Es sollen Themen besprochen werden, die die Schüler*innen existenziell betreffen.

2. Das Lernen ist spiralförmig aufbauendes Lernen: Fortschreiten vom Bekannten zum Unbekannten, vom Nahen zum Entfernten, vom Vertrauten zum Neuen.

3. Entdecken von Ähnlichkeiten: Das Gemeinsame verbindet und stärkt, ist aber nicht mit Deckungsgleichheit zu verwechseln.

4. Arbeiten an Differenzen

Für eine Auseinandersetzung mit dem Islam schlägt Leimgruber beispielsweise Vergleiche zwischen Kirche und Moschee, Bibel und Koran, ethischen Weisungen in Christentum und Islam, Jesus in Bibel und Koran vor (vgl. Leimgruber, S. 235f). Wobei angemerkt sei, dass im Zentrum des Islam ein Buch steht und im Zentrum des Christentums eine Person. Somit wären die Kategorien nicht gleichbedeutend in den Religionen.

Interreligiöses Lernen an Zeugnissen anderer Religionen (Multi-faith-approach)

Der Grundgedanke dieser aus England stammenden Konzeption ist es, den Heranwachsenden eine Religion mittels eines Zeugnisses (Wort, Klang, Geschichte, Statue, Person usw.) vorzustellen und so einen Lernprozess zu initiieren. Wichtig dabei ist, dass das Zeugnis exemplarisch für Leben und Glauben der betreffenden Religionsgemeinschaft und bedeutsam für die Entwicklung und den Lernprozess des Kindes ist. Die vertiefte und ausführliche Begegnung (ca. 5 Unterrichtsstunden) mit einem Aspekt oder Gegenstand des religiösen Glaubens (dem Zeugnis), das wegen seiner Bedeutsamkeit und Heiligkeit ausgewählt wurde, intendiert keine Konversionen, wohl aber das Bereitstellen von Voraussetzungen für selbständige religiöse Entscheidungen.

Methodisch lässt sich die Konzeption in vier Phasen gliedern. Exemplarisch wird anhand der Betrachtung der Gebetsrichtung diese Konzeption erläutert.

1. Die Phase der inneren Beteiligung (The Engagement Stage)

Aufmerksamkeit und Interesse für den Unterrichtsgegenstand werden geweckt. Es werden beispielsweise mehrere Kompasse herumgereicht und die Assoziationen der Schüler*innen festgehalten.

2. Die Phase der Entdeckung (The Exploration Stage)

Nun steht die konkrete Begegnung mit dem Zeugnis im Vordergrund. Die Lehrperson zeigt einen Gebetskompass im Original. Die Klasse stellt möglicherweise die Verbindung zum Islam her.

3. Die Phase der Kontextualisierung (The Contextualization Stage)

Jetzt wird den Schüler*innen aufgezeigt, in welchem Zusammenhang das Zeugnis im religiösen Alltag steht. Dadurch wird klar, welche Bedeutung dem Zeugnis in der religiösen

Praxis der repräsentierten Gemeinschaft zukommt. In diesem Zusammenhang kann die Bedeutung Mohammeds und der Stadt Mekka thematisiert werden sowie die Ausrichtung der Muslime beim Gebet, in der Moschee oder beim Begräbnis.

4. Die Phase der Reflexion (The Reflection Stage)

In dieser Phase sollen die Schüler*innen eine Verbindung zwischen dem Zeugnis und ihrem Leben herstellen. Zum einen kann überlegt werden, in welcher Weise auch in der christlichen Religion eine Ausrichtung in eine bestimmte Himmelsrichtung Tradition hat, zum anderen können sich die Schüler*innen mit der Frage auseinandersetzen: „Was gibt meinem Leben die Richtung?"

Der methodische Duktus von innerer Beteiligung, Entdeckung, Kontextualisierung und Reflexion soll gewährleisten, dass sich die Heranwachsenden im Rahmen des Unterrichtsgeschehens unbefangen mit einem Zeugnis identifizieren, dann aber auch - nach näherem Hinschauen - wieder Distanz gewinnen können.

Interreligiöses Lernen als performativer Ansatz (Aufzeigen religiöser Praxis)

Performative didaktische Ansätze nehmen sich der Frage an, wie man im Religionsunterricht gelebte Religion pädagogisch verantwortlich lernen und lehren kann. Das bedeutet: Sie begreifen Religion als ein in einem bestimmten Rahmen lernbares Phänomen, wobei Gott selbst unverfügbar bleibt. Dieses Lernen von Religion geschieht durch den pädagogischen, erprobenden Umgang mit religiösen Formen. Da interreligiöses Lernen weit mehr ist als das Anhäufen von Wissen und Diskutieren über Religion, bedarf es geradezu performativer Ansätze, die Religion in ihrer originären Gestalt als Lebenspraxis im Raum des Religionsunterrichtes Geltung verschaffen. Das kann durch religiöse Tänze, Rollenspiele, kreatives Schreiben aus der Perspektive einer berühmten Gestalt, Erkundung eines Kultraumes, Besuch eines Gottesdienstes oder einer religiösen Feier, Wahrnehmen von Diakonie, Hospiz und Krankenhaus vor Ort usw. geschehen. Der performative Ansatz kommt in interreligiöser Hinsicht an Grenzen, wenn es um das Nachspielen von nichtchristlichen kultischen Handlungen (Pessach-Feier) oder das Imitieren von anderen Gebetshaltungen geht. Hier ist die Grenze der Performanz erreicht.

Interreligiöses Lernen als Erinnerungsgeleitetes (anamnetisches) Lernen

Anamnetisches oder erinnerungsgeleitetes Lernen ist das Wiedererinnern, Vergegenwärtigen und Gedenken früherer Ereignisse, um daraus Konsequenzen für die Gegenwart und die Zukunft zu ziehen (vgl. Hilger/ Leimgruber/Ziebertz, S. 341). Unter „Erinnerungskultur" versteht man ein achtsames Gedenken, das Veränderungen in der Einstellung und im Handeln nach sich zieht (vgl. Hilger/Leimgruber/Ziebertz, S. 340). „Erinnerung" meint die Wieder-Erinnerung von bereits Gewusstem oder auch die Vergegenwärtigung von früher Erlebtem.

„Anamnetische Kultur" bedeutet einen angemessenen Umgang mit der Vergangenheit, welcher sowohl Widerstand gegen das Vergessen als auch gegen die Gewöhnung an Katastrophen leistet (vgl. Hilger/Leimgruber/Ziebertz, S. 341). Das Lernen durch Erinnerung will einen achtsamen Umgang mit der Vergangenheit vermitteln. Durch Gedenktage, Mahnmale und Museen sollen Erinnerungen wachgehalten und vor dem Vergessen geschützt werden.

Der didaktische Zugang zum erinnerungsgeleiteten Lernen schlechthin ist das Erzählen. Der narrative Zugang erweckt die Vorstellungskraft, erzeugt Ideen und Bilder und lässt auch die Adressatengruppe zu einer Erzählgemeinschaft werden. Aber auch das Betrachten von Bildern, beispielsweise von religiösen Feiern anderer Religionen, kann einen Zugang erschließen. Zeitzeugenbefragungen, Aufsuchen von Orten der Erinnerung (Mahnmalen, Museen usw.), schulische Feiern an Gedenktagen, das Studium von Biografien sowie Medienimpulse (Filme über Lebensbilder) sind weitere Möglichkeiten anamnetischen Lernens in der Schule.

Vor allem in den abrahamitischen Religionen spielt das erinnerungsgeleitete Lernen eine hervorgehobene Rolle, da sich das Erinnern und Gedenken (memoria) als wesentliche Strukturmerkmale identifizieren lassen (zum Beispiel im Festkalender sichtbar). „Glauben heißt nämlich auch, sich des Handelns und der Gegenwart Gottes zu erinnern, seiner im Jetzt zu gedenken, um daraus Hoffnung und Zuversicht für morgen zu schöpfen." (Hilger/Leimgruber/ Ziebertz, S. 343)

Die Aufforderung „Erinnere dich!" findet sich achtmal in der Tora. Durch das Erzählen der Exodus-Ereignisse partizipiert im Judentum die ganze Tischgemeinschaft am gemeinsamen Gedenken. Zusammenfassend bezieht sich die Erinnerung Israels primär auf Gott, seine geheimnisvolle Gegenwart und sein unberechenbares, aber stets rettendes Wirken in der Heilsgeschichte.

Erinnerung hat in den christlichen Kirchen eine gemeinschaftsstiftende Bedeutung, unter anderem in der Liturgie, wie zum Beispiel bei den zentralen Abendmahlsworten „Tut dies zu meinem Gedächtnis.“ (Lk 22,19) Die frühe Christengemeinde pflegte das gemeinsame Gedenken unmittelbar nach den Ostererfahrungen durch gemeinsame Gebete, Schriftlesungen, durch das Brot-Teilen und das Festhalten an der Lehre der Apostel (Apg 2,42). Anamnetisches Lernen bedeutet für Christusgemeinschaften, sich immer wieder neu am Weg Jesu zu orientieren.

Im Islam fordert der Koran den Gläubigen auf, stets Gottes zu gedenken, so wie Gott unablässig des Menschen gedenkt (Sure 62:10; 33:41). Das Fasten der Muslime im Monat Ramadan ist eine weitere Möglichkeit der Erinnerung an Gott.

Interreligiöses Lernen als ästhetisches Lernen innerhalb der Sakralraumpädagogik

Unter ästhetischem Lernen versteht man in der Religionspädagogik eine religiöse Wahrnehmungs- und Ausdrucksschulung, die sich aus den drei Dimensionen ästhetischer Erfahrung - der Sinneswahrnehmung (Aisthesis), der Gestaltungs- und Handlungsfähigkeit (Poiesis) und der Entscheidungs- und Urteilsfähigkeit (Katharsis) - zusammensetzt (vgl. Hilger/Leimgruber/Ziebertz, S. 306). Religionsunterricht unter dem Vorzeichen von ästhetischer Bildung meint „erfahrungsbezogenes Lernen, das möglichst alle Sinne einbezieht, das die Wahrnehmung für das Gegebene, Anvertraute, sowie Fremde und eine Vorstellungskraft für das Mögliche fördert.“ (Hilger/Leimgruber/Ziebertz, S. 318)

Bei diesem Ansatz ist der Religionsunterricht ein Ort der produktiven Verlangsamung, der zu einer Wahrnehmungsschule werden kann, welche die Aufmerksamkeit für die religiöse Dimension der sinnlichen Erfahrung fördert. Bei einem ästhetischen interreligiösen Lernen innerhalb einer Sakralraumpädagogik geht es darum, Kulträume zu besuchen, zu erkunden, wahrzunehmen, ganzheitlich zu erleben und zu erschließen und damit eine (neue) Beziehung zum Religiösen zu finden.

Die Kirchenraumpädagogik war religionspädagogisch oftmals ein Ort performativen Religionsunterrichts, insofern religiöse Vollzüge eingeübt und liturgische Erfahrungen entstehen konnten. Dies entspricht dem Bedürfnis nach einem auratischen Ort im Alltag. An manchen Zeiten suchen Menschen besondere sakrale Räume auf, motiviert durch religiöse bzw. spirituelle Bedürfnisse, aber auch durch biografische Anknüpfungen,

Bildungsinteressen, den Wunsch nach einem alternativen anderen Raum oder einfach, weil sie als Passanten im Alltag innehalten wollen.

Im Gegensatz zu einer klassischen Kirchenführung, in denen architektonische, kirchen- und regional-geschichtliche Fakten im Vordergrund stehen, dient die Begehung der Wahrnehmung der „Sakralität" eines Raumes. Ein „heiliger" Raum hat seine eigene Geschichte mit Religion, die sich nicht nur nacherzählen, sondern sich auch an seiner Atmosphäre und seiner Einrichtung spüren lässt. Die Begehung zielt darauf, mit allen Sinnen einen Raum zu erfassen (raumkundliche Dynamik) und sich in ihn einzufinden. Gleichzeitig wirken Impulse aus der Begehung auf Glauben oder Lebensauffassung des Begehenden zurück (existenzielle Dynamik).

Sakrale Räume mit Schüler*innen zu erschließen, kann den Sinngehalt des Glaubens erschließen, der in Kirchengebäuden, Tempeln, Synagogen, Moscheen usw. zu Stein geworden ist. Denn heilige Stätten sind als außerschulische Lernorte lesbare Texte „vergangenen" Lebens sowie geronnene Formen von Glauben und Gottesdienst unterschiedlicher Zeiten und Epochen. Die Kirchenpädagogik will beispielsweise Mensch und Kirchenraum in Beziehung bringen, erfahrungsbezogen arbeiten und Zugänge zu religiösen Erfahrungen eröffnen.

Bei der Kirchenraum- und hier weitergeführten Sakralraumpädagogik werden mehrere Phasen unterschieden:

1. Phase der Eröffnung und des Wahrnehmens:

Sie dient der ersten Annäherung an ein Gebäude, die das Interesse auf den Bau leitet und versucht, den Raum zu erfassen und Achtsamkeit zu entwickeln (beispielsweise durch visuelle, akustische, haptische und olfaktorische Wahrnehmung).

2. Phase des Deutens, Verstehens und Wissens:

Beispielsweise durch Konfrontation mit der Ostung und der eigenen Lebensausrichtung, durch die Darstellungen auf Kaligraphien oder an den Fenstern und was sie uns heute sagen könnten, durch die Begegnung mit Menschen, die mit dem Raum verbunden sind, soll die Korrelation zwischen Lebenswelt der Schüler*innen und der Glaubenswelt hergestellt werden.

3. Phase des Handelns, der Verdichtung und des Erlebens:

Nun wird über kreative Methoden in den Sinngehalt und die Botschaft eines Sakralraumes eingeführt (beispielsweise das Bauen von gotischen Spitzbögen, das Entwerfen eines Glasfensters oder das Gestalten einer Taufkerze, Gestaltung einer Kaligraphie).

Interreligiöses Lernen als biografisches Lernen

Biografisches Lernen kann sowohl die Auseinandersetzung mit anderen Biografien als auch das Arbeiten an der eigenen Biografie beinhalten. Dabei kann die Auseinandersetzung mit anderen Biografien die eigene Lebens-geschichte beeinflussen. Biografisches Lernen in Bezug auf interreligiöses Lernen meint auch die Auseinandersetzung mit Kurzbiografien von Frauen und Männern, die für den interreligiösen Dialog bedeutend gewesen sind.

Biografische Perspektive ist immer retrospektiv. Dabei wird Biografie verstanden als „gedeutetes Leben“. Die abrahamitischen Religionen sind biografiebezogen. Die Bibel und der Koran enthalten zahlreiche Erzählungen, in denen von der Lebensgeschichte einzelner Menschen in ihrer Beziehung zu Gott berichtet wird. Ziel des biografischen Lernens ist eine ausbalancierte Handlungsfähigkeit. Die Leistung des Religionsunterrichtes liegt sicher darin, dass in der Begleitung der biografischen Reflexion die stimulierende, kritisierende und korrigierende Funktion der Überlieferung entfaltet wird. Geschichten können zeigen, wie der Glaube vorher nicht gedachte Möglichkeiten für ein anderes Leben erschließt, wenn man sich auf Gott einlässt.

In Bezug auf das interreligiöse Lernen kann dieser Ansatz genutzt werden, um durch die Auseinandersetzung mit Kurzportraits über Leben und Wirkung von Pionieren des Dialogs der Religionen als Mikroelemente lebendiger Geschichte sich mit Modellen friedlicher interreligiöser Konvivenz und der Arbeit an der eigenen Biografie zu beschäftigen. Eine Zementierung des Heldentums ist religionspädagogisch zu verhindern.

2. Grundlagen interreligiösen Lernens

In diesem Unterkapitel findet sich eine Grundlegung interreligiösen Lernens durch Zielbestimmung und Klärung wesentlicher Begriffe, die mit dem Lernen des Andersseins innerhalb der gesellschaftlichen Vielfalt in religiösen Ausdrucksformen, Symbolen und Inhalten einhergehen. Worin unterscheiden sich Akzeptanz, Respekt, Toleranz und Anerkennung graduell und kategorial? Diese begriffliche Differenzierung wird anschließend erweitert durch (sozial)psychologische Aspekte.

Die Überleitung zur Praxis findet durch die Darstellung der Elemente und Aspekte aus den drei Religionen Judentum, Islam und Christentum statt, die sich im privaten und öffentlichen Raum zeigen. Der Schwerpunkt der Darstellung des öffentlichen Bereichs ist eher die Bedeutung des öffentlichen Sakralraumes und seiner Gegenstände. Jedoch auch im privaten Bereich liegen kulturelle und rituelle Unterschiede zwischen diesen Religionen vor. Im Folgenden wird nach Begriffsklärung, Zielsetzung und psychologischem Einblick zunächst der private Bereich und dann der öffentliche Bereich dargestellt.

2.1 Begriffsklärung und Zielsetzung

Der zentrale Begriff in unserem inhaltlichen und prozessualen Kontext ist „Toleranz". Im Folgenden wird er kurz in rechtlicher, ethischer und religionspädagogischer Sicht entfaltet, um die Besonderheiten darzustellen. Abschließend werden die scheinbar synonymen Begriffe „Anerkennung", „Akzeptanz" und „Respekt" unterschieden. Es ist wichtig, sich klar zu machen, welche Bedeutung diese Worte haben. Es sind soziologische Fachbegriffe, die alltagssprachlich oftmals anders verwendet werden. In der Klärung der Herkunft, Bedeutung, Reichweite und Wirkung wird das Potenzial der Verwendung dieser Worte greifbar.

Toleranz

Während die Alltagssprache mit einem vielschichtigen und eher weichen Begriff „Toleranz/Intoleranz" operiert, deckt die wissenschaftliche, auch historische Betrachtung den Kern des Toleranzproblems auf: Toleranz ist die von einer bestimmten Überzeugungsposition aus geleistete Duldung von konkurrierenden geistigen Positionen (lat. tolerare: ertragen, dulden), verbunden mit dem Eintreten für deren öffentliche Selbstdarstellung. Die Vertreter der verschiedenen Positionen halten sich freilich an die Spielregeln der Rechtsgemeinschaft.

Das primäre Subjekt von Toleranz sind Personen als die eigentlichen Überzeugungsträger, im weiteren Sinn dann auch Überzeugungsgemeinschaften religiös-weltanschaulicher und politischer Natur und schließlich der Staat selbst. Er garantiert die Grund- und Freiheitsrechte. Vor allem ist der Staat durch die (positive) Religionsfreiheit in demokratischen Systemen zur religiös-weltanschaulichen Neutralität verpflichtet. Das Schulrecht nennt Toleranz als wichtiges Ziel für die heranwachsenden Bürger*innen. Eine Benachteiligung bzw. Bevorzugung aufgrund von religiöser Zugehörigkeit sind politisch auszuschließen. Deshalb besteht in der Bundesrepublik auch keine nationale Staatskirche. Es gilt in Demokratien jedoch auch, dass Positionen, die selbst nicht toleranzfähig im Sinn der Verfassung sind, sich nicht auf ein Toleranzprinzip berufen können.

Der Gegenstand der Toleranz sind Personen und Personengruppen sowie Organisationen, Überzeugungen und Gesinnungen, Handlungen und deren Ziele. Der äußerste Grad der (fanatischen) Intoleranz ist, Personen in ihrer unantastbaren Würde nicht anzuerkennen. Die Toleranz lebt von der Formel der Reziprozität. Toleranz ist auf Wechselseitigkeit angelegt und möchte anderen nichts antun, was man selbst nicht erleiden möchte. Das (Er)Tragen von Meinungsverschiedenheiten religiös-weltanschaulicher Art ist durch die rechtlichen Toleranzbedingungen noch nicht erbracht. Sozialwissenschaftlich werden die vielfältigen sozialen, edukativen, gruppendynamischen und (tiefen)psychologischen Bedingungen betrachtet, unter denen die Angstreduzierung, die Bedürfnisbefriedigung und der Aufbau kollektiver Identitäten (auch Feindbilder, Fanatismus, Projektionen und Ressentiments) fällt.

Religionspädagogisch steht der Streit um die Wahrheit und die Koexistenz differenter religiös-weltanschaulicher Positionen im Zentrum. Unterstützend sind die allgemeine Friedenspflicht, starke Persönlichkeiten und Argumentationsprozesse. Toleranz als bloße Duldung wäre die Nullstufe auf einer Skala zwischen Feindschaft und Anerkennung.

Konsens kann nicht erzwungen werden. Dialog hat sich im Dissens zu bewähren. Das bedeutet: Gerade die unterschiedlichen Positionen müssen angesprochen werden. Nicht der harmonisierende Blick auf Gemeinsamkeiten führt zur Anerkennung. Die jeweiligen Vertreter*innen nehmen die religiösen Erfahrungen des Gegenübers ernst und kommen ins Gespräch. Dadurch findet ein Dialog auf Augenhöhe statt. Der Dissens ist der Ausgangspunkt für den interreligiösen Dialog.

Anerkennung

Es geht nicht um Abschaffung der Differenzen, sondern um Anerkennung des Anderen bzw. Andersseins. Anerkennung kann im öffentlichen Raum stattfinden oder auch als zwischenmenschliche Wertschätzung. Die Konstitution des Selbstbewusstseins ist von Anfang an auf die Erfahrung unterschiedlicher Formen der Anerkennung angewiesen. Diese Formen umfassen das Rechtsverhältnis, das Beziehungsverhältnis und die Liebe zwischen Menschen. Es ist zu erwähnen, dass diese Formen auch Pflichten und Verpflichtungen enthalten. Axel Honneth hat sich intensiv mit der sozialen Anerkennung beschäftigt und drei grundlegende Formen der Anerkennung herausgearbeitet: Zuneigung, Wertschätzung, Respekt.

Im religiösen Kontext steht zunächst die Anerkennung durch einen Schöpfergott. Durch diese Wertschätzung als menschliches Geschöpf entsteht ein wechselseitiger Prozess der Anerkennung zwischen den Menschen. Schöpfungstheologisch begründet dies die allgemeine Menschenwürde. Religiös handelt es sich um die so genannte Goldene Regel: „Was Du willst, dass man dir tut, dass tue auch anderen." Im Weltethos-Projekt wurde nachgewiesen, dass diese Maxime in allen Religionen vorhanden ist. Im nicht-religiösen Kontext ist dies der kategorischen Imperativ nach Immanuel Kant. Auf jeden Fall ist die Grundlage der Anerkennung die rechtliche Gleichheit aller Menschen mit ihrer unantastbaren Würde.

Akzeptanz

Akzeptanz (lat. acceptare: annehmen, sich gefallen lassen) entstand als Problem aus der Unübersichtlichkeit sozialer, normativer und technischer Entwicklungen im 20. Jahrhundert. Ausreichende Akzeptanz ist jedoch für das Funktionieren einer demokratischen Rechtsordnung und Gesellschaft unerlässlich. Es ist deshalb die Aufgabe in Wissenschaft, Politik, Medien und Bildung über wichtige Entwicklungen und deren Risiken und Vorzüge rechtzeitig und zuverlässig zu informieren. Im Bildungssystem und vor allem in der Schule sind somit die Bedingungen für ausreichende Kenntnisse, Fähigkeiten und Urteilskompetenz zu schaffen. Pflicht der Bürger*innen ist es, eigenständig und kritisch mit den zur Verfügung stehenden (auch digitalen) Informationen umzugehen und dabei Gemeinsinn zu bewahren. Bei dem Begriff Akzeptanz geht es weniger um Personen als um Entwicklungen, Informationen, Situationen und Gegenstände. Eine Wechselseitigkeit auf personeller Augenhöhe ist somit nicht gegeben. Beispielsweise akzeptiere ich die Situation der Migration in unserer offenen und dynamischen demokratischen Gesellschaft. Das heißt jedoch nicht, dass ich jede*n Migrant*in akzeptieren muss.

Auch religiös-ethisch geht es weniger um die einzelnen Personen, sondern um die religiösen Gedanken, Systeme und Weltanschauungen. Auf jeden Fall setzen Fragen in diesem Bereich der Wahrheitsfindung auf das Gewicht der Argumentation. Ausreichender Minderheitenschutz und fortgesetzter Diskurs sind unbedingt erforderlich, um nach Möglichkeit Akzeptanz herzustellen und Fehlentwicklungen zu korrigieren.

Respekt

Häufig wird der Begriff „Respekt“ (lat. respicere: zurückschauen, Rücksicht nehmen) auch im Kontext interkultureller bzw. interreligiöser Begegnungen verwendet. Er weist in eine andere Richtung der Zuwendung: Es geht um Achtung, Bewunderung, Hochachtung und auch Scheu. Der Begriff bezeichnet eine Form der Wertschätzung, Aufmerksamkeit und Ehrerbietung gegenüber einem anderen Lebewesen (Respektsperson), einer Institution oder auch eines Gegenstandes. Beispielsweise berühre ich ein Kunstwerk nicht, da ich es aus Respekt nicht zerstören möchte. Respekt setzt die Unantastbarkeit voraus.

Eine Steigerung des Respektes ist die Ehrfurcht, etwa vor einer Gottheit. Die Wechselseitigkeit der Wahrnehmung ist verständlicherweise nicht grundlegend gegeben. Trotzdem scheint dieser Begriff im Umgang miteinander stärker zu wirken als Toleranz und Akzeptanz. Mit lat. respectio ist wörtlich die „Wieder-Schau“ gemeint. Dabei bezieht sich der Prozess des Respektes bzw. des Respektierens auf die wiederholte Betrachtung und gründliche Beurteilung eines neuen Eindrucks, um die Begrenztheit und Oberflächlichkeit des ersten Blickes zu korrigieren. Erst nach kritischer Würdigung des ersten Eindrucks gelangt man zu einer anerkennenden Einschätzung und damit zu Respekt.

Im (religions-)pädagogischen Kontext ist Respekt vor Kindern die Grundlage. Hier erleben die Kinder die Erwachsenen als Vorbilder. Zugleich fordern die Erwachsenen auch Respekt bei den Kindern ein, da sie mehr (Lebens-)Erfahrungen aufweisen und deshalb mehr Kenntnisse und Fähigkeiten besitzen. Im (religions-)pädagogischen Raum will Respekt als Ziel die Wechselseitigkeit fordern.

Daniela Renger definiert „Respekt“ in Anlehnung an Axel Honneth als gleichheitsbasierte Anerkennung und setzt Personen mit gleichem Recht und Würde voraus. Wenn dies gegeben ist, führt nach Renger der Respekt zu Toleranz. Denn Toleranz - wie oben deutlich wurde –

setzt die Differenz und vorläufige Ablehnung einer anderen Disposition voraus. Durch Respekt ist diese Ablehnung überwindbar sowie ertragbar und somit tolerierbar.

Zielsetzung interreligiösen Lernens

Das Ziel interreligiösen Lernens ist nicht eine verwässerte Einheitsreligion, sondern das friedliche Zusammenleben in einer pluralen Gesellschaft, welches sich auch im schulischen Kontext zeigt. Toleranz in der oben genannten begrifflichen Erklärung ist das Grundziel (religions)pädagogischen Arbeitens. Aufgrund der Koexistenz sind Weltöffnung und Erweiterungen in den jeweiligen Lernebenen möglich.

Noormann/Becker/Trocholepczy weisen folgende, nach Lernebenen differenzierte Ziele aus. Sie wurden leicht modifiziert:

Lernebene	**Ziele des interreligiösen Lernens**
Ästhetische Ebene	Vorurteilsfreies Wahrnehmen der Angehörigen anderer Religionen und ihrer kulturellen Leistungen (zum Beispiel Architektur, Kunst, Literatur).
Beziehungs- und Gefühlsebene	Verbindung des eigenen Lebens mit Andersgläubigen durch Begegnung und Freundschaft
Kognitive Ebene	Die zentralen Inhalte und religiösen Vollzüge anderer Religionen kennen lernen und mit den eigenen vergleichen
Handlungsebene	Gemeinsames Handeln für das Wohl der Menschen in Gerechtigkeit und Frieden sowie die Bewahrung der Schöpfung
Spirituelle Ebene	Erfahrung der eigenen Spiritualität im Angesicht des Anderen, Wahrnehmung der Gotteserfahrung des Anderen, gemeinsam vor dem Geheimnis Gottes stehen

(vgl. Noormann/Becker/Trocholepczy, S.195)

2.2 Eigenes durch Andere lernen

Zu sehen und zu hören, was andere glauben, fordert heraus. Es ist eine Einladung, den eigenen Standpunkt zu überdenken, zu verbalisieren, zu begründen und vielleicht auch die Punkte zu entdecken, an denen man ihn nur aus Gewohnheit und nicht aus Überzeugung vertritt. Zu hören, was Angehörige anderer Religionen glauben, führt an manchen Stellen zur Zustimmung (wenn zum Beispiel Gläubige jüdischen, christlichen und muslimischen Glaubens sich einig sind, von der Welt als Schöpfung Gottes zu denken), aber auch an manchen Stellen dazu, dass die Positionen auseinandergehen (in der Regel zum Beispiel bei der Frage nach der Bedeutung Jesu).

Das sind dann Momente, in denen man sich bewusst wird: „Das glaube ich so. Aber das, was ich von Anderen höre, glaube ich so nicht." Deshalb werte ich es zwar nicht ab, aber es gehört nicht zu mir. In dieser Abgrenzung gewinne ich das, was dann eben doch zu mir gehört, neu. Es wird mir bewusst und vielleicht sogar noch wertvoller dadurch, dass es nicht mehr so selbstverständlich scheint.

Man könnte sagen, das „Eigene am Anderen lernen" ist (umgekehrtes) Lernen am Modell nach Bandura: Ich sehe, was jemand tut; höre, was jemand glaubt und entscheide, es ihm*ihr nicht gleich zu tun.

Mit Angehörigen anderer Religionen oder Traditionen über den eigenen Glauben zu sprechen, erfordert es auch, dass man beim Verbalisieren des eigenen Standpunktes an einer ganz anderen Stelle ansetzen muss, als man das vielleicht sonst gewohnt ist. Gewisse Worte oder Grundeinstellungen müssen in der eigenen Religionsgemeinschaft nicht erklärt werden - aber das bedeutet nicht, dass alle auch wirklich wissen, was sie genau bedeuten. Oft werden sie auch unhinterfragt reproduziert. Interreligiöse Begegnung kann also dadurch sprachfähig machen, dass man sich jemandem erklärt, mit dem*der man nicht dieselben „Codes" teilt.

Das kann schon allein durch das eigene Reden und Sich-Hinterfragen passieren. Es geschieht aber auch da, wo man sich von Anderen fragen lässt. Innerhalb einer Religionsgemeinschaft passiert das oft nicht so grundsätzlich wie durch Außenstehende.

Psychologisch hat Daniel Goleman die emotionale und soziale Intelligenz näher untersucht. Er benennt in diesem Zusammenhang zwei unterschiedliche Pfade („den oberen und unteren Pfad"). Die unbewusste Schaltstelle ist die Amygdala (oder Mandelkern genannt). Sie ist ein Teil des limbischen Systems, welches die emotionale Bewertung und Wiedererkennung von Situationen sowie die Analyse möglicher Gefahren aufnimmt: Sie verarbeitet externe Impulse und leitet die vegetativen Reaktionen dazu ein. Der untere Pfad besteht aus automatischen Prozessen als Standardmodus des Gehirns. Das Gehirn arbeitet dann außerhalb unseres Bewusstseins mit großer Geschwindigkeit. Bei einem Angriff ist das beispielsweise der Faustschlag als sofortige Reaktion. Der obere Pfad ergänzt diese Prozesse durch willentliche Kontrolle. Er ist mit Anstrengung und bewusster Absicht verbunden. Wenn wir zum Beispiel etwas lesen, dann entscheiden wir bewusst darüber, was wir betrachten und denken über die Bedeutung nach. In der interreligiösen Begegnung finden Aspekte des unteren und oberen Pfades statt. Der obere Pfad hilft uns Vorurteile durch bewusste Entscheidungen zu überwinden. „Wenn wir uns bewusst dazu entscheiden, kann der obere Pfad sich innerhalb bestimmter Grenzen über den unteren hinwegsetzen. Es ist diese Fähigkeit, die uns im Leben eine Wahl lässt.“ (Goleman, S. 480) Religionspädagogisch ist die Partizipation und Mitbestimmung daher in interreligiösen Kontexten relevant. Aus der Forschung zu den Spiegelneuronen ist zudem bekannt, dass unser Gehirn an emotionalen Befindlichkeiten und Bedürfnissen Anderer sowie an Bekanntem anknüpfen kann.

Wissen um die Glaubenssätze einer anderen Religion kann Vorurteile abbauen und die Akzeptanz fördern. Wissen an sich führt aber nicht zu einer positiven Bewertung. Wie eine Gruppe bewertet wird, hängt von positiven Erfahrungen mit und Beziehungen zu Angehörigen der jeweiligen Gruppe ab. Die eigenen Vorurteile werden unter Umständen in Begegnungen auch bestätigt - aber diese sich bestätigenden „Urteile“ können dann anders bewertet werden und eher positiv ausfallen, bzw. nicht den Gesamteindruck dominieren, wenn positive Beziehungen entstehen.

Robert Selman hat strukturgenetisch die Perspektivenübernahme untersucht. In seinen Stufen zur sozial-kognitiven Entwicklung geht er empirisch von fünf Niveaus aus. Sie werden hier kurz beschrieben:

- Niveau 0: „Egozentrische Perspektivenübernahme“. Die Beziehung ist objektorientiert und eine augenblickgebundene Interaktion.

- Niveau 1 (4 - 9 Jahre): „Subjektive Perspektivenübernahme“. Bewusstwerden, dass Menschen sich im Denken unterscheiden, weil sie sich in verschiedenen Situationen befinden. Die Perspektive des Selbst herrscht noch einseitig vor.

- Niveau 2 (6 - 12 Jahre): „Selbstreflexive Perspektivenübernahme“. Subjektivität wird reflexiv wahrgenommen und aus dem Blickwinkel des Anderen reflektiert. Die Bedürfnisse des Selbst bleiben jedoch dominant.

Niveau 3 (9 - 15 Jahre): „Gegenseitige Perspektivenübernahme“ (Blick aus der Perspektive der dritten Person). Ausdifferenzierung der Beobachterperspektive, in der die Perspektive des jeweils Anderen gleichzeitig berücksichtigt werden kann. Die Erhaltung der Beziehung wird zu einem zentralen Handlungsimperativ.

- Niveau 4 (ab 12 Jahren): „Gesellschaftlich-symbolische Perspektivenübernahme“. Durch den Einbezug des sozialen Systems und seiner Normen entsteht die Fähigkeit zu angemessener Kommunikation. Das Selbst und die Anderen werden durch autonome Interdependenz in einem größeren sozialen Zusammenhang wahrgenommen.

Emotionale Verbindung zu Angehörigen einer Gruppe erhöht die Akzeptanz der Gruppe als Ganze. Es geht also oft nicht allein um Wissen, sondern tatsächlich um die Begegnungen. Sie und die daraus resultierende Neubewertung auch anderer Gruppenangehöriger kann der Ansatzpunkt für Veränderungen sein, die diese Gesellschaft weiterbringen auf dem Weg hin zu einem offenen, respektvollen Miteinander.

2.3 Religion im privaten Raum

Die drei abrahamitischen Religionen praktizieren auch im privaten Bereich ihre Traditionen. Dabei gibt es je nach kultureller Prägung auch Unterschiede innerhalb der religiösen Tradition. Im Folgenden wird versucht, aus unserer Sicht das Wesentliche der jeweiligen Religion darzustellen. Wir gehen in den Unterkapiteln chronologisch entsprechend der Entstehung dieser drei Religionen vor. Dabei ist wichtig, dass es in jeder Religion verschiedene Richtung gibt. Es gibt also nicht **das** Judentum, **das** Christentum, **den** Islam.

2.3.1 Judentum

Die jüdische Autorin zählt sich zum liberalen Judentum und beschreibt hier vor allem die klassische Orthodoxie. G‘ttesdienst bezeichnet im Judentum alle Gebote, die täglich zu vollziehen sind. Der Glaube zeigt sich vor allem im Tun. In der Synagoge wird gemeinsam gebetet, daneben gibt es im Judentum auch die Zelebrierung zu Hause, der eine große Bedeutung zukommt.

Dabei wird unterschieden nach den werktäglichen Ritualen und den feiertäglichen Ritualen bzw. Feiern. Zum täglichen Vollzug gehört das dreimalige Beten, welches sowohl in der Synagoge als auch zu Hause stattfinden kann. Das Morgengebet (= Schacharit) soll vom

Tagesanbruch bis zum späten Vormittag, das Mittagsgebet (= Mincha) am späten Nachmittag und vor Sonnenuntergang und das Abendgebet (= Maariv) nach Sonnenuntergang und bis zur Morgenröte abgehalten werden. Für Männer sind diese Gebete vorgeschrieben. Frauen sind von dieser Pflicht befreit. Sie dürfen die Gebete freiwillig verrichten.

Für das Morgengebet legen Männer an Werktagen morgens Tefillin (Gebetsriemen) und den Gebetsschal an. Es handelt sich bei den Tefillin um zwei schwarze Lederkapseln, in der sich Verse der Thora auf Pergamentrollen geschrieben befinden, die beidseitig mit Lederriemen verbunden sind. In der Thora findet sich die Anordnung G'ttes, Tefillin zu tragen (2. Mose 13,9 und 16 sowie 5. Mose 6, 8 und 11, 18). Doch im Judentum verbirgt sich noch eine weitere Weisheit dahinter: Die Tefillin sollen Kopf, Hand und Herz zu einer Einheit verbinden. So sollen alle drei Einheiten des Menschen in eine Richtung arbeiten und sich harmonisch in der Welt bewegen. Der Gebetschal heißt Tallit. Außerdem haben Männer beim Beten die Kippa auf dem Kopf. Die Kippa oder auch Käppchen genannt, ist ein Zeichen der Ehrfurcht vor G'tt. Viele Juden tragen es den ganzen Tag über. In liberalen jüdischen Gemeinden tragen auch Frauen einen Gebetsschal und eine Kippa.

Shabbath

Im Judentum beginnen alle Tage am Abend. Die Feiertage beginnen mit dem Shabbath, dem Ruhetag der Juden. Er beginnt am Freitagabend und dauert bis Samstagabend. Der Shabbath wird ganz feierlich begrüßt. Bevor es dunkel wird, werden die Feiertagskerzen an einem festlich gedeckten Tisch gezündet, auf dem sich neben den Tellern und dem Besteck auch ein geflochtener, salziger Hefezopf als Brot (Barches, Challa) und Salz und Wein befindet. Man setzt sich an den Tisch und spricht erst einen Segensspruch über den Wein, bevor man davon trinkt; anschließend wird ein Segensspruch über das Brot gesprochen, welches mit Salz bestreut wird und von jedem gegessen wird. Dann werden die Kinder gesegnet und Shabbathlieder gesungen. Daraufhin wird ein festliches Mahl eingenommen. Nach dem Essen wird ein Dankgebet an G'tt gesprochen und teilweise gesungen.

Am Samstagabend wird der Shabbath wieder verabschiedet. Dazu stehen auch alle um den Tisch, auf dem eine geflochtene Kerze, Wein und ein silbernes Gefäß mit kleinen Löchern steht, welches gut riechende Gewürze, wie z.B. Nelken und Zimt enthält. Derjenige, der „Hawdalah" (Unterscheidung) gesagt hat, trinkt nun einen großen Teil des Weines (oder Traubensafts) und schüttet den Rest auf einen kleinen Teller. In diesem Wein wird nun die

Flamme der Hawdalah-Kerze gelöscht. Dann wünscht man sich eine gute Woche! „Schawua tov!"

Dieser Ablauf findet sich auch in ähnlicher Weise zu fast allen Feiertagen, außer an den Fastentagen. Allerdings gibt es Feiertage, wie zum Beispiel das 8-tägige Pessachfest oder das ebenfalls 8-tägige Sukkothfest (Laubhüttenfest), die noch zusätzliche Gebote und Tätigkeiten beinhalten.

Pessachfest

Die Grundlage des Pessachfest findet man in 2. Mose 13, 6 und 13, 8: „*Sieben Tage sollst Du ungesäuertes Brot essen und am siebenten Tag soll ein Fest dem Ewigen zu Ehren sein. Ungesäuertes Brot soll gegessen werden die ganzen sieben Tage und kein gesäuertes Brot gesehen werden und kein Sauerteig soll gesehen werden in deinen Grenzen. Zu Deinem Sohn sollst Du dann sagen: Dies geschieht wegen dem, was der Ewige mir getan, als ich aus Mitzraim ging.*"

Das Pessachfest dauert acht Tage, an denen nichts Gesäuertes gegessen werden darf. Statt Brot wird Mazza, ungesäuertes Brot, gegessen. Es dürfen auch sonst kein Mehl oder Mehlprodukte, keine Nudeln, kein Reis und auch keine Hülsenfrüchte genossen werden. Gemüse, Fisch, Fleisch und Eier dürfen aber gegessen werden. Dieses Fest erinnert an den Auszug aus Ägypten. Hier wird auch an den ersten beiden Abenden Seder (Seder bedeutet „Ordnung") gemacht. Der Abend verläuft nach einer bestimmten Ordnung, die vor allem die Erzählung dieses Auszugs aus Ägypten beinhaltet. Außerdem steht auf dem Tisch der sogenannte Sederteller, auf dem sich neben der Mazze bestimmte symbolische Speisen befinden. Über diese wird, bevor alle Anwesenden sie genießen und sich auch damit an diesen Auszug erinnern, ein Segen gesprochen.

Sukkoth

Sukkoth, das jüdische Laubhüttenfest, dauert auch acht Tage. Hier gibt es das Gebot, nach bestimmten Regeln eine Laubhütte für diese acht Tage zu errichten bzw. zu bauen. Früher sollte in Israel für acht Tage in der Laubhütte „gewohnt" werden. Dies galt als Erinnerung an die 40-jährigenWüstenwanderung. Besonders in Ländern mit niedrigeren Temperaturen liegt der Schwerpunkt des Festes heute auf dem Einnehmen der Mahlzeiten in den Laubhütten.

In 3. Mose 23, 33-44 sind die Begründung und der Verlauf des Laubhüttenfestes dargestellt: *„Ferner sprach der Ewige zu Mosche wie folgt: Am fünfzehnten Tag dieses Monats ist das Laubhüttenfest, sieben Tage, dem Ewigen zu Ehren. Am ersten Tag ist feierliche Festverkündigung, und da sollt ihr keine Handwerksarbeit verrichten. Sieben Tage hindurch bringt ihr Feueropfer dem Ewigen zu Ehren. Am achten Tag sei wiederum feierliche Festverkündigung, bei der ihr dem Ewigen zu Ehren Feueropfer bringen sollt. Es ist ein Enthaltungstag (an welchem man sich aller Geschäfte enthalten muss).*

Ihr sollt keine Handwerksarbeit an demselben verrichten. Dies sind die Festtage des Ewigen, an welchen ihr heilige Verkündigung zu halten habt. Dem Ewigen zu Ehren werden Feueropfer dargebracht, Ganzopfer, Speiseopfer, Schlacht- und Trankopfer, jedes an seinem Tage, außer den Shabbattagen des Ewigen, außer den Gaben, außer allen Gelübden und außer den freiwilligen Geschenken, die ihr dem Ewigen widmet.

Doch ist noch Folgendes zu beachten: Wenn ihr die Früchte des Landes eingesammelt habt, sollt ihr vom fünfzehnten Tag an das Fest des Ewigen sieben Tage auf folgende Weise feiern: Am ersten Tag ist ein Ruhetag und am achten Tag darauf ist abermals ein Ruhetag. Am ersten Tag nehmt ihr die Frucht vom Baum Hadar (Etrog), Palmzweige, einen Ast vom Baum Awot (Hadas, auf Deutsch Myrte) und Bachweiden und seid fröhlich vor dem Ewigen, eurem G'tt, sieben Tage. Dies Fest habt ihr dem Ewigen jedes Jahr sieben Tage zu feiern. Als ein ewiges Gesetz für Eure Nachkommen, im siebten Monat müsst Ihr es feiern. Sieben Tage sollt ihr in Laubhütten wohnen. Wer einheimisch ist in Israel, soll in Laubhütten wohnen, damit Eure Nachkommen es wissen, dass ich die Kinder Israels habe in Hütten wohnen lassen, als ich sie aus Mizraim geführt habe. Ich der Ewige, euer G'tt!“

Speisevorschriften

Wie sehen die Speisevorschriften im Judentum aus? Zunächst einmal darf man generell nur bestimmte Fleisch- und Fischarten essen. An Fleisch darf man alle Säugetiere, die sowohl Paarhufer als auch Wiederkäuer (Kühe, Ziegen und Schafe) sind, essen. Tiere wie Schweine, Pferde, Kamele, Hasen sind verboten. Bei Geflügel sind nur Hausvögel, die rituell-jüdisch geschlachtet wurden, wie Hühner, Enten, Truthähne, Gänse und Tauben erlaubt. Fische dürfen nur gegessen werden, wenn sie sowohl Flossen als auch Schuppen besitzen. Zum Beispiel Lachs, Forellen und Thunfisch dürfen gegessen werden. Nicht gegessen werden dürfen Aale und Schalentiere. Natürlich müssen die Tiere rituell geschächtet werden. Dies bezieht sich nur auf die Tiere, die auf dem Land leben, nicht auf Fische. Koscher bedeutet „rein", den Speisegesetzen entsprechend. So heißt es im 2. Mose 23,19 und 34, 26 sowie im 5. Mose 14, 21: *„Du sollst ein Böckchen nicht in der Milch seiner Mutter kochen."* Davon abgeleitet wird, dass fleischige und milchige Speisen weder gemeinsam genossen werden dürfen noch vom selben Geschirr oder mit demselben Besteck gegessen werden dürfen. Es gibt fleischige, milchige und „parve" (neutrale) Speisen. Parvene Speisen kann man sowohl zu fleischigen als auch zu milchigen Speisen essen. Parve sind Gemüse, Kartoffeln, Salat, Obst, Fisch und Eier. Ansonsten werden bestimmte Zeiten eingehalten zwischen dem Genuss von fleischigen und milchigen Speisen, beispielsweise nach Genuss von Fleisch wartet man sechs Stunden bis man Milchiges isst und nach dem Genuss von Milch wartet man eine halbe Stunde bevor man Fleisch genießt. Diese Speisegesetze bedeuten in der Praxis, dass in den meisten religiösen Küchen eine Ecke für die Zubereitung von fleischigen Gerichten vorhanden ist, in der nach Möglichkeiten auch das fleischige Geschirr und Besteck untergebracht und eine andere Ecke für die Zubereitung von milchigen Speisen mit der Unterbringung der milchigen Gerätschaften vorhanden ist.

Auch in den Gerichten spiegeln sich diese Speisegesetze. So gibt es in der jüdischen Küche keine Fleischsoßen, die mit Sahne verfeinert sind oder nach einem fleischigen Hauptgericht Pudding oder Kuchen, die mit Milch zubereitet sind. Heutzutage kann man sich mit Sojamilch oder Sojasahne behelfen.

Das Tischgebet (Birkat Hamason) ist ein Dankgebet an G'tt für das Land und die Speisen, die er dem Volk Israel gegeben hat. Das Gebot dazu findet sich im 5. Mose 8, 10 *„Wenn Du dann issest und satt bist , dann sollst Du den Ewigen, Deinen G"tt, für das schöne Land preisen, dass er Dir gegeben hat."*

Das Tischgebet wird immer dann gesagt, wenn man eine vollständige Mahlzeit, zu der auch Brot gehört, zu sich genommen hat. Vor der Mahlzeit wird alles, was gegessen und getrunken wird, gesegnet.

2.3.2 Christentum

Ein schweres, wenn nicht gar unmögliches Unterfangen ist es, zu beschreiben, welche Bedeutung die christliche Religion im häuslichen Kontext hat.

Was mit dem Oberbegriff Christentum zusammengefasst wird, ist ein unüberschaubar weites, vielgestaltiges Feld, vor allem auch im Hinblick auf die familiäre Praxis des Glaubens. So gibt es nicht nur die Aufspaltung des Christentums in römisch-katholische, orthodoxe, freikirchliche und evangelische Kirche, sondern darüber hinaus auch 22 evangelische Landeskirchen mit regionalen Ausprägungen des Glaubens allein in Deutschland.

Geboten scheint es deshalb, zuallererst die eigene Position zu klären. Alle christlichen Autor*innen dieses Buches kommen aus der württembergischen Landeskirche. Deshalb versuchen wir aus dieser Perspektive, die religiöse häusliche Praxis zu umschreiben.

Vorab ist grundsätzlich festzuhalten: Es herrscht in der evangelischen Kirche oftmals eine gehörige Portion Skepsis gegenüber einer ritualisierten Veräußerlichung des Glaubens. Ihren Ursprung hat diese Skepsis in der Reformation im frühen 16. Jahrhundert, in der es zur Spaltung in eine evangelische und katholische Kirche kam.

Entscheidend ist, vor allem auch in der württembergisch, pietistisch geprägten Ausformung des evangelischen Glaubens, das innere Berührtsein durch das Wort Gottes. Vielleicht drückt das alte Wort „Herzensfrömmigkeit" dieses Ansinnen am besten aus.

Authentische Erfahrung hat von daher im Hinblick auf den Glauben eine wesentliche Bedeutung. Äußerungen in festen Formen und Ritualen stehen demgegenüber immer ein wenig im Verdacht der Oberflächlichkeit, des äußeren, mechanischen Vollzuges, dem der wahre innere Glauben fehlt.

Wenn nun im Folgenden versucht wird, einige Grundlinien alltäglicher evangelischer Glaubenspraxis auszuziehen, dann ist die Begegnung, die Auseinandersetzung mit dem Wort Gottes, die den Alltag begleiten, inspirieren und die Gläubigen auch formen soll, ein entscheidendes Anliegen.

So praktizieren viele Christinnen und Christen die alltägliche, oft morgendliche Lesung der Bibel. Diese kann auf verschiedene Art und Weise geschehen.

Weit verbreitet geschieht das alltägliche Lesen der Bibel mit Hilfe von „Losungen". Unter diesem Titel verbirgt sich ein Andachtsbuch, das für jeden Tag des Jahres zwei Bibelverse enthält. Eine Losung aus dem Alten Testament, die vorher vom Herausgeber, der „Herrnhuter Brüdergemeine" aus ca. 1800 alttestamentlichen Bibelversen zufällig ausgelost wurde, und ein Lehrtext aus dem Neuen Testament, der thematisch passend ausgesucht wird. Schlussendlich mündet das dann in einem Gebet.[1]

Gebete strukturieren darüber hinaus den Alltag. Morgen- und zum Abschluss des Tages ein Abendgebet, vor und nach dem Essen ein Tischgebet, sind, trotz schwindender Bindekraft traditioneller christlicher Formen, immer noch im Bewusstsein vieler Christ*innen verankert. Es gibt keine festen Formen oder verbindliche Inhalte für das Gebet, oft aber Traditionen, die in den einzelnen Familien weitergegeben werden.[2] Ein fester Bestandteil der alltäglichen Gebetspraxis ist oftmals auch das „Vater unser".[3]

Das Kirchenjahr, das Anfang Dezember mit dem 1. Advent beginnt und dem Totensonntag Ende November endet, hat zwei Höhepunkte. Zum einen die Passionszeit, in der das Leiden Jesu vergegenwärtigt wird, das in der Kreuzigung am Karfreitag Ende und Vollendung mit der anschließenden Feier der Überwindung des Todes durch die Auferweckung Jesu am Ostersonntag findet. Zum anderen gibt es einen Weihnachtsfestkreis, der sich um den Geburtstag Jesu (Heiliger Abend/Weihnachten) entfaltet.

Früher gab es vor beiden großen Festen eine Bußzeit, in der gefastet wurde. Diese Tradition ist größtenteils verlorengegangen. Überlebt hat davon in vielen Familien der Verzicht auf Fleisch am Karfreitag, dem Kreuzigungstag Jesu. Stattdessen wird häufig Fisch gegessen, der als heimliches Erkennungszeichen der ersten Christen gilt. In den letzten Jahren gab es vor Ostern einen neuen Versuch, die Passionszeit mit der Aktion „Sieben Wochen ohne" spirituell zu gestalten. Menschen werden dabei eingeladen, ihre Alltagsgewohnheiten zu überdenken, indem sie über 7 Wochen hinweg auf etwas verzichten, was ansonsten ganz selbstverständlich zum Alltag gehört. Das können Genussmittel wie Alkohol, Nikotin oder Süßigkeiten sein oder auch andere Bequemlichkeiten wie Fernsehkonsum, Fertiggerichte oder Internet. Durch den Verzicht soll Platz für Veränderung geschaffen, sollen neue

[1] Hier soll ein Beispiel den inhaltlichen Zusammenhang der täglichen Losungen erläutern: „Himmel und Erde werden vergehen, du aber bleibst" ist die Losung, ein Vers aus dem 102. Psalm. Neutestamentlich entfaltet wird das durch einen Vers aus dem Hebräerbrief: „Jesus Christus, gestern und heute und derselbe auch in Ewigkeit". Abgeschlossen wird dieser kurze Impuls durch ein Gebet oder Liedvers: „Der du allein der Ewge heißt und Anfang, Ziel und Mitte weißt im Fluge unserer Zeiten: bleib du uns gnädig zugewandt, damit wir sicher schreiten".

[2] Zwei Beispiele mögen die Tradition erläutern: Das Lied „Der Mond ist aufgegangen" (Evangelisches Gesangbuch 482 und das Gebet „Komm, Herr Jesus, sei unser Gast und segne, was Du uns bescheret hast."

[3] „Vater unser im Himmel, geheiligt werde dein Name. Dein Reich komme. Dein Wille geschehe, wie im Himmel, so auf Erden. Unser tägliches Brot gib uns heute, und vergib uns unsre Schuld, wie auch wir vergeben unseren Schuldigern. Und führe uns nicht in Versuchung, sondern erlöse uns von dem Bösen. Denn dein ist das Reich und die Kraft und die Herrlichkeit in Ewigkeit. Amen."

Perspektiven entwickelt werden. Letztendlich geht es darum herauszufinden, was im Leben wirklich zählt.

Stärker als an Passion und Ostern haben sich an Weihnachten Bräuche, Traditionen und Formen erhalten, die daheim gepflegt werden. Manchmal ist aber, so muss man ehrlicherweise hinzufügen, die religiöse Tiefendimension verloren gegangen. Kerzen werden angezündet, Zeichen für Jesus, der das „Licht der Welt" ist: Sich selbst verzehrend geben sie Wärme und Licht ab. Vor Weihnachten werden Adventskränze mit vier Kerzen aufgestellt. An jedem Sonntag im Advent wird eine Kerze mehr entzündet. Die Erwartung, die Vorfreude auf die Geburt Jesu soll dadurch gestärkt, das Warten verkürzt werden.

An Weihnachten wird dann der „Christbaum" aufgestellt. Nach biblischer Überlieferung wurden die Menschen aus dem Paradies vertrieben. Durch Jesus Christus ist der Zugang zum Paradies nicht mehr verschlossen. Der Weihnachtsbaum ist zeichenhaft der Baum des Paradieses. Die Kugeln am „Christbaum" symbolisieren Äpfel und verweisen damit auch auf die Paradiesgeschichte. Die ersten Menschen aßen im Paradies vom verbotenen Baum der Erkenntnis, sie trennen sich damit von Gott. Mit der Geburt Jesu ist diese Trennung von Gott überwunden, Gottesgemeinschaft wieder möglich. Das sollen die Kugeln am Christbaum signalisieren.

Große Bedeutung kommt auch der Musik zu. Oft werden vor dem Christbaum Weihnachtslieder gesungen, in denen die Bedeutung der Geburt Jesu erklärt wird, die Freude über das Kommen von Jesus Ausdruck findet. Die weihnachtlichen Geschenke der Menschen untereinander spiegeln das eine große, freudenbringende Geschenk Gottes, sein Kommen in Jesus, wider.

Neben der Familie gibt es noch eine andere Form der Gemeinschaft, in der der Glaube vielerorts praktiziert wird, der „Hauskreis". Hauskreise finden sich schon im Urchristentum. Es sind kleine Gruppen, die sich regelmäßig in Privatwohnungen versammeln, um gemeinsam zu beten, zu singen, vor allem aber auch die Bibel zu studieren. Wichtig sind dabei der Austausch und das Gespräch.

2.3.3 Islam

Im Islam gibt es zwei große Strömungen: Sunnitentum und Schiitentum. In der Bundesrepublik leben hauptsächlich Menschen sunnitischer Richtung. Die Autorin beschreibt den Islam aus sunnitischer Perspektive. Das Sunnitentum unterteilt sich in vier Rechtschulen, die hier berücksichtigt werden. Die Rechtschulen (Madhhab مذهب) zeigen in der alltäglichen Praxis, d.h. in der Normenlehre, beispielsweise bei den Speisevorschriften oder rituellen Handlungen, die Heterogenität innerhalb der sunnitischen Glaubenslehre. Linguistisch bedeutet ‚Madhhab' Weg bzw. Gang. Der Unterschied zwischen den Rechtschulen liegt in der Methodik, in der Art und Weise, islamische Texte (Koran und Aussprüche von Muhammad und seinen Gefährten (Hadithe)) zu interpretieren und auszulegen. Es sind die unterschiedlichen Wege in der Exegese. Mit der Expansion des islamischen Reiches und den neuen alltäglichen Fragestellungen, die es zur Zeit Muhammads noch nicht gab, wandten sich die Menschen mit Fragen an die Gelehrten. Somit entstanden im gesamten islamischen Reich viele Rechtschulen. Jedoch überlebten aus den zahlreichen Rechtschulen nur vier, da die Weitergabe und der Verbleib von der Dokumentation und Tradierung durch die Schüler*innen der Gelehrten abhängig waren. Innerhalb der muslimischen Community gibt es Debatten darüber, ob es eine Verpflichtung gibt, einer einzigen Rechtschule zu folgen und innerhalb dieser zu agieren oder nicht.

Die vier Rechtschulen sind regional zu verorten. In der muslimischen Welt haben sich bis heute vier große Rechtschulen etabliert. Die malikitische Rechtschule wird mehrheitlich in Nord- und Westafrika praktiziert, die schafi'itische im Nahen Osten, im Jemen und in Südostasien. Auch in Ägypten wird zum Teil die schafi'itische Rechtschule angewandt. Die hanafitische Rechtschule ist in der Türkei, auf dem Balkan, in Süd- und Zentralasien verbreitet. Die hanbalitische Rechtschule hat aufgrund ihrer strengeren Auslegungsart nur Eingang in Saudi-Arabien gefunden.

Ein pragmatisches Beispiel ist die Teilnahme am rituellen Festgebet am Ramadanfest und Opferfest (bzw. Abrahamfest) in der Moschee. Nach der schafi'itschen und malakitischen Rechtschule ist das Verrichten des rituellen Festgebetes freiwillig, nach der hanafitischen Rechtschule ist die Teilnahme eine individuelle Pflicht und nach der hanbalitischen Rechtschule stellt es nur eine gemeinschaftliche Pflicht (Fard kifayah فرض الكفاية) dar. Dies bedeutet, dass die muslimische Community verantwortlich ist, das rituelle Festgebet durchzuführen. Wenn eine muslimische Gemeinschaft das rituelle Festgebet durchführt, ist die Pflicht erfüllt. Die individuelle Teilnahme ist nicht obligatorisch.

Die gottesdienstlichen Handlungen werden in der islamischen Theologie unter dem Begriff „Ibadah" (عبادة) subsumiert. Die rituellen Gebete, die in der Moschee verrichtet werden, können auch im privaten Raum durchgeführt werden. Die fünf täglichen rituellen Gebete (Salah صلاة) können einzeln oder mit mehreren Personen verrichtet werden. Sie bestehen aus dem Morgengebet (Fadschr الفجر), dem Mittagsgebet (Dhur الظهر), dem Nachmittagsgebet (Asr عصر), dem Abendgebet (Maghrib لمغرب) und dem Nachtgebet (Ischa العشاء). Jedes Gebet besteht aus einem Pflichtteil und freiwilligen Einheiten. Die Gebetseinheiten sind je nach Gebet unterschiedlich. Das Freitagsgebet kann sogar in privaten Räumlichkeiten durchgeführt werden, wenn eine bestimmte Anzahl von Menschen sich treffen. Je nach Rechtschule gibt es unterschiedliche Auslegungen über die Anzahl. Nur das Festgebet wird in der großen Gemeinschaft verrichtet. Wobei auch dieses nicht obligatorisch in der Moschee stattfinden muss. Neuerdings werden große Flächen in der Öffentlichkeit oder große Hallen dafür gemietet, wo die räumlichen Kapazitäten in der Moschee nicht ausreichen. Wie die Feste im privaten Bereich gestaltet werden, hängt vom kulturellen Hintergrund und von familiären Traditionen ab. Hier gibt es seitens der islamischen Tradierung keine vorgegebenen Riten. Außerhalb der Festtage organisieren manche Muslim*innen wöchentliche oder monatliche Treffen in kleinen Gruppen, die in privaten Räumlichkeiten stattfinden, um gemeinsam aus dem Koran zu rezitieren, über Koranverse zu sprechen und sich gegenseitig Ratschläge (Nasiha نصيحة) zu geben.

Speisevorschriften

In der islamischen Theologie befinden sich die Speisevorschriften in der Rubrik „Fiqh" (الفقه). Fiqh befasst sich mit den praxisbezogenen Normen und Geboten. Bei näherer Betrachtung von historischen oder modernen Texten im Fiqh-Bereich fällt auf, dass es abgesehen von den vier unterschiedlichen Rechtschulen mehrere Meinungen und Auslegungen gibt. Die Meinungsverschiedenheit (Ikhtilaf إختلاف) wird in der islamischen Tradition als Rahma, d.h. als Barmherzigkeit Gottes betrachtet. Da aufgrund dessen eine Flexibilität und ein Spielraum der praktischen Anwendung der Gebote gewährleistet ist. Folglich gibt es nicht „den Islam", sondern unterschiedliche Ansichten, Auslegungen und Deutungen. Die verschiedenen Meinungen spiegeln sich auch im Bereich der Speisevorschriften wider. In Koranversen und Hadith-Texten finden sich Bezüge zu Speisevorschriften, beispielsweise in der 6. Sure Vers 145:

„Sprich: ‚In dem, was mir offenbart wurde, finde ich nichts, was verboten wäre, außer Verendetes oder vergossenes Blut oder Schweinefleisch – denn dies ist ein Gräuel – oder Unheiliges, über dem ein anderer als Allah angerufen wurde. Wer aber gezwungen wird, ohne Begierde und ohne Ungehorsam, nun, dann ist dein Herr verzeihend und barmherzig.'"

Zum Verzehr erlaubt sind alle Meerestiere (in der hanafitischen Rechtschule sind nur Fische erlaubt), Weidetiere, alle Geflügeltiere, Hasen und ähnliche Tiere. Nicht erlaubt ist vergossenes Blut, Schweinefleisch, Fleisch von Raubtieren, Fleisch von Eseln und Maultieren und Insekten (nicht nach der malikitischen Rechtschule).

Das islamische Pendant zu „koscher" ist „Halal". Jedoch sind koscher und Halal nicht gleichzusetzen. Damit das erlaubte Fleisch zum Verzehr geeignet, also „Halal" ist, gibt es Bedingungen, die erfüllt werden sollten. Es gibt fünf Aspekte, die betrachtet werden: Schächter, Art der Schächtung, Schächtung im Namen Gottes, Alter des Tieres und Tierhaltung. Der Schächter soll entweder der islamischen, christlichen oder jüdischen Religion angehören, das Tier soll nur im Namen Gottes (Basmala) geschlachtet werden, das Tier darf während der Schächtung nicht verendet sein und muss je nach Tierart ein gewisses Mindestalter haben. Die vier Rechtschulen vertreten unterschiedliche Ansichten, ob die Nennung des Namen Gottes bei der Schächtung obligatorisch ist oder nicht. Es gibt die Meinung, die sich auf eine Überlieferung des Propheten Muhammad stützt, dass beim Verzehr der Name Gottes (Basmala) nachgeholt werden kann, falls er bei der Schächtung nicht gesagt wurde. Dem letzten Punkt der Tierhaltung wird in der Halal-Debatte wenig Beachtung geschenkt, wobei zahlreiche Überlieferungen unterstreichen, dass das Tierwohl in der Halal-Klassifizierung eine eklatante Rolle spielt. Darüber, ob das Tier betäubt werden darf oder nicht, herrscht Uneinigkeit. Es gibt sowohl die Meinung, dass die Betäubung des Tieres erlaubt ist, solange das Tier durch die Betäubung nicht stirbt. Wiederum gibt es die Ansicht einiger, dass durch die Betäubung des Tieres das Fleisch als nicht Halal deklariert werden darf.

Vor und nach dem Essen sprechen Muslime entweder gemeinsame Gebete oder persönliche Gebete im Stillen. Das kürzeste Bittgebet vor dem Essen ist das Wort „Bismillah" (بسم الله) welches „im Namen Gottes" bedeutet. Dieser spirituelle Moment soll vor dem Essen die Wertschätzung für die Gaben Gottes hervorrufen und man vergegenwärtigt sich den Gedanken, den Körper und den Geist für positive Taten zu stärken. Nach dem Essen wird mit dem arabischen Wort „Alhamdulillah" (الحمد لله) Gott für das Essen gedankt. Es gibt längere Formen von Bittgebeten, die vor und nach dem Essen gesprochen werden können, die vom Propheten Muhammad tradiert worden sind. Auch ein freies Formulieren eines eigenen Gebetes ist hier möglich.

2.4 Religion im öffentlichen Sakralraum

Die Mitgliedschaft der Religionen bzw. Religionsgemeinschaften, die in dieser Veröffentlichung genannt sind, ist für die Bundesrepublik Deutschland statistisch nicht einfach festzustellen. Im Folgenden geben wir aufgrund verschiedener Erhebungen (z.B. Religionsmonitor der Bertelsmann Stiftung, de.statista.com) nur eine Orientierung: Im Jahr 2019 gab es 22.6. Millionen Mitglieder in der römisch-katholischen Kirche. In der evangelischen Kirche waren es 21,7 Millionen Mitglieder. Muslimische Gläubige haben seltener eine Mitgliedschaft, um ihren Glauben zu praktizieren. Die Statistiken gehen von 4 bis 4,5 Millionen muslimischen Gläubigen aus. Davon sind 61% sunnitischer Glaubensrichtung. 8% sind Schiiten und 8% Aleviten. Außerdem leben in Deutschland 94800 jüdische Gläubige.

2.4.1 Judentum

Der Ort der öffentlichen Ausübung des jüdischen Glaubens ist die Synagoge. Der Kantor, der Chasan (Schaliach Zibur) hat bis heute die wichtigste Rolle beim Gesang und Gebet in der Synagoge inne.

Synagoge der Jüdischen Kultus-Gemeinde in Essen

Die Synagoge

Das griechische Wort „Synagoge“ bedeutet ebenso wie das hebräische Wort „Beth Haknesset“ „Haus der Versammlung“ und das trifft es auch sehr. gut. Im Gegensatz dazu heißt sie im Jiddischen „Schul“, also Schule. Doch auch das ist sehr treffend. Das bedeutet, jüdische Mitglieder versammeln sich nicht nur zum „G‘ttesdienst“, sondern auch zum Lernen. Nicht selten fallen die Gebetszeiten mit dem Studium zusammen. Es wird gebetet und vor und manchmal nach dem Gebet studiert man die Thora (die fünf Bücher Moses) und den Talmud (rabbinische Belehrung; Lehrbuch als Babylonischer oder Jerusalemer Talmud vorhanden) sowie die Mischnah (Kommentare zur Thora) als schriftlicher Teil des Talmuds.

Das Zimmer, indem gelernt und studiert wird, ist das Unterrichtszimmer, welches immer im Synagogengebäude vorhanden ist. Es gab auch Zeiten und Orte, wo es nur einen Raum zum Beten und Lernen vorhanden war. Dann fand beides in einem Raum nacheinander statt.

Synagogen sind eigenständige Gemeinschaften und deshalb unabhängig. Sie werden gegründet, verwaltet und geführt von lokal ansässigen jüdischen Gläubigen. Sie orientieren sich am jüdischen Rechtskodex. Trotzdem sind sie frei, ihre eigene Politik und auch ihre eigenen Rituale innerhalb dieses Rechtsrahmens zu gestalten.

Jede Synagoge wählt ihre*n Rabbiner*innen frei aus. Sie muss allerdings nicht unbedingt eine*n Rabbiner*in anstellen. Es gibt durchaus viele kleine Gemeinden, die keine*n Rabbiner*in haben. Wenn es Rabbiner*innen gibt, sind sie die religiösen Führer*innen der Gemeinde. In orthodoxen Synagogen gibt es nur Rabbiner. Die liberalen Synagogen haben auch Rabbinerinnen.

Innenraum der Synagoge der Jüdischen Kultus-Gemeinde in Essen

Im Synagogenraum befindet sich die heilige Lade (Aron HaKodesch). Darin werden die Thorarollen aufbewahrt. Vor dem Schrank, in dem die Thorarollen aufbewahrt werden, hängt ein Vorhang. Zudem brennt das Ewige Licht, eine ständig brennende Lampe, in diesem Raum. Die Bima ist eine Plattform, auf der sich ein Tisch befindet. Dort wird die Thorarolle abgelegt, aus der dann vorgelesen wird. Oft, aber nicht zwingend, gibt es einen siebenarmigen Leuchter, die Menora. Häufig gibt es bunte Glasfenster oder andere religiöse Symbole. Allerdings sind Abbildungen von menschlichen Figuren verboten.

In der traditionellen Synagoge sitzen Männer und Frauen getrennt. Manchmal sitzen Frauen auf einer Empore, manchmal neben der Männerabteilung und manchmal dahinter. In liberalen Gemeinden sitzen Männer und Frauen auch nebeneinander.

Decke der Synagoge der Jüdischen Kultus-Gemeinde in Essen

Der Kantor und Vorbeter

Da es bis zum 7./8. Jahrhundert keine gedruckten Gebetsbücher gab, bedurfte es einer Person, die in den Gebeten bewandert war. So entstand die Funktion des Chasan (Schaliach Zibur), einer Person, die von der Gemeinde beauftragt wurde, die Gebete im Namen der Gemeinde vorzutragen. Im Laufe der Jahrhunderte entstanden auch Noten für die Gebete in den Synagogen, die zu einem Zeichen oder musikalischen Symbol für die verschiedenen Feiertage wurden: zum Beispiel Jamim HaNoraim (die ehrfuhrchtvollen Tage Rosch Haschana / Jom Kippur) oder Schalosch Regalim (die drei Wallfahrtsfeste Sukot / Pessach / Schawuoth).

Heute können in liberalen Gemeinden auch Frauen diese Funktion übernehmen. Die Kantor*innen leiten den G'ttesdienst und tragen die Gebete gesanglich vor. Aus diesem Grund ist es natürlich sehr wichtig, dass Kantor*innen ein fundiertes Wissen über das Judentum und den rituellen Ablauf des G'ttesdienstes besitzen, sowie auch über die diversen Melodien verschiedener Gebete und wann welche Melodien gesungen werden. Da die G'ttesdienste im Judentum relativ lang sind, können sie für die Kantor*innen sehr anstrengend sein. Da im jüdischen G'ttesdienst sehr viel gesungen wird, sollten die Kantor*innen auch über eine gute Gesangstechnik verfügen.

2.4.2 Christentum

„Gott, ich habe lieb die Stätte deines Hauses und den Ort, da deine Ehre wohnt." (Psalm 26,8)

Die Kirche (griech. Kyriakä oikä - κυριακή - „dem Herrn gehörend(es Haus)") ist das Zentrum der christlichen Gemeinde. Denn in ihr wird der Gottesdienst gefeiert, der das Herz des Glaubens bildet. Nicht zufällig findet die Feier am Sonntagmorgen statt. Am ersten Tag der Woche, als die Sonne aufging, so die Bibel (Markus 16,2), kommen Frauen zum Grab Jesu und finden es leer. In Erinnerung daran, im Lichte der Auferstehung Jesu feiert seine Gemeinde deshalb den sonntäglichen Gottesdienst.

Evangelische Stiftskirche in Stuttgart

Tritt man in eine Kirche ein, so gibt es, bei aller Verschiedenheit innerhalb der christlichen Gemeinschaften, doch Elemente, die sich in vielen Gotteshäusern finden. Die Gemeinde sitzt meist auf Bänken, die auf das Kreuz, den Altar, die Kanzel und den Taufstein ausgerichtet sind.

Im Zentrum findet sich oft ein Kreuz, Zeichen für den Tod, aber auch für die Überwindung des Todes durch Jesus. Große Bedeutung hat die Kanzel, da dort die „Predigt" stattfindet. Ausgehend von einem Text der Bibel versucht der*die Pfarrer*in in ihr die alten Worte in die Gegenwart hinein zu übersetzen, ihre Bedeutung für die Gegenwart auszuloten.

Neben der Kanzel gibt es in einer Kirche auch einen Altar, vor dem der*die Pfarrer*in während des Gottesdienstes steht. Von dort werden Gebete gesprochen, Lesungen aus den beiden Teilen der Bibel (aus dem Ersten Testament, der hebräischen Bibel, und aus dem Zweiten Testament, das um Jesus kreist) gehalten und am Ende des Gottesdienstes der Segen gesprochen.

Der Altar hat darüber hinaus als Gabentisch für das „Abendmahl" (evangelisch) / „Eucharistie" (katholisch) Bedeutung. Gott ist nach christlichem Verständnis im Hören auf sein Wort, aber auch in der gottesdienstlichen Feier des Abendmahls / der Eucharistie präsent. Unmittelbar vor seiner Gefangennahme hat Jesus, so die Bibel, mit seinen Jüngern gemeinsam gegessen und getrunken und dann eingeladen, das Brot und den Saft der Trauben immer wieder in Erinnerung an ihn einzunehmen. Er verspricht, bei dieser Feier gegenwärtig zu sein.

Innenraum der Evangelischen Stiftskirche in Stuttgart

Große Bedeutung hat im Gottesdienst die Musik, vor allem auch die von der Gemeinde gesungenen Lieder. Am Eingang der Kirche liegen „Gesangbücher" aus, die die Lieder beinhalten. In vielen Kirchen gibt es eine Tafel, auf der für die Gemeinde die Liednummern angezeigt werden. Begleitet wird der Gesang oft von der Orgel, einem aufwändigen

Musikinstrument, dessen Tastatur an das Klavier erinnert, dessen Klang aber durch Pfeifen, durch die ein Luftstrom geblasen wird, erzeugt wird. Pfarrer*innen und Organist*innen gestalten den Gottesdienst, oftmals beteiligen sich auch Gemeindeglieder, sprechen Gebete oder halten Lesungen.

Orgel in der Evangelischen Stiftskirche in Stuttgart

Die Aufnahme in die Gemeinde findet im sonntäglichen Gottesdienst in der „Taufe“ statt. Meist in den ersten Monaten nach der Geburt werden Kinder über dem Taufstein „im Namen Gottes des Vaters und des Sohnes und des Heiligen Geistes“ mit dem Zeichen des Wassers getauft. Ihr Leben wird dadurch mit dem dreieinigen Gott, aber auch mit der Gemeinde verbunden. Da die Kinder ihre Taufe nur unbewusst wahrnehmen, gibt es später einen von der Gemeinde verantworteten Unterricht, in dem die Jugendlichen in die kirchliche Tradition eingeführt werden und zum Abschluss dann ihre Taufe bewusst bejahen, die „Konfirmation“ (evangelisch) oder auch „Firmung“ (katholisch).

Neben den sonntäglichen Gottesdiensten gibt es zum einen noch Gottesdienste anlässlich einer Hochzeit, die „Kirchliche Trauung“, die oft am Samstagnachmittag stattfindet. Zum anderen gottesdienstliche Trauerfeiern, wenn ein Mensch verstorben ist. Diese werden aber meist nicht in der Kirche, sondern in Räumlichkeiten auf dem Friedhof gefeiert.

Das Kirchengebäude gehört einer Kirchengemeinde, die vom „Kirchengemeinderat“, einem von der Gemeinde gewähltem Gremium und den Pfarr*innen, die wiederum vom Kirchengemeinderat gewählt werden, geleitet wird. Finanziert wird eine Kirchengemeinde durch die „Kirchensteuer“, die vom Staat gegen eine Gebühr eingezogen und an die Kirchen weitergegeben wird.

2.4.3 Islam

Im Islam findet die Ausübung des Glaubens in der Öffentlichkeit hauptsächlich in der Moschee statt.

Die Moschee als Gotteshaus

„Und als Wir das Haus zu einem Ort der Einkehr für die Menschen machten sowie zu einer Sicherheit (sprachen Wir): „Und nehmt euch die Stätte Abrahams zum Gebetsort“.“ (Sure 2, Vers 125)

Mit dem Haus als Ort der Einkehr und Stätte Abrahams ist hier die Kaaba in Mekka gemeint. Da die Kaaba eine zentrale Rolle spielt, stellt diese Moschee die Gebetsrichtung für das rituelle Gebet dar. Die Moschee gilt nicht nur als Gebetsort, sondern auch als „Einkehr für die Menschen“ und als Platz der „Sicherheit“. Historisch betrachtet, erfüllte nicht nur die Kaaba diese Prämisse, sondern auch Moscheen außerhalb des arabischsprechenden Raumes. Exemplarisch kann hier Sarajevo angeführt werden. In Sarajevo bildet die Moschee den Mittelpunkt. Die Einwohner bauten um die Moschee herum ihre Geschäfte und Wohnstätten. Die Moschee war der zentrale Knotenpunkt für Bildung, Handel, medizinische Behandlung, Seelsorge und soziale Versorgung.

Außenansicht der Moschee Islamische Gemeinde Penzberg

Der arabische Fachbegriff für Moschee ist nach einer Stellung im rituellen Gebet benannt. Masdschid (auch Masjid, auf Türkisch Cami, ausgesprochen Dschami), bedeutet linguistisch „Ort der Niederwerfung". Die Niederwerfung stellt im rituellen Gebet eine elementare Position dar. Sie gilt in der islamischen Tradierung als der Punkt, an dem Gläubige Gott am nächsten sind. Somit wird mit dem Gotteshaus die Nähe zu Gott und zur Spiritualität unterstrichen. Aufgrund dessen sind viele Moscheen schlicht und einfach gestaltet.

Muhammad gründete die zweite Moschee in der wichtigen Stadt Medina, in die er mit seinen Anhängern aus Mekka auswanderte. Die Moschee bestand aus Naturmaterialien und wurde schlicht eingerichtet. Sie hatte keine Teppiche, keine räumliche Geschlechtertrennung und sie wurde sogar damals mit Schuhen betreten. Auch hatte diese Moschee damals kein Minarett und keine Kuppel. Daher gibt es keine strikten, sakralen und obligatorischen Vorgaben, damit ein Gebäude als Moschee deklariert werden kann.

Minarett der Moschee Islamische Gemeinde Penzberg

Die Kuppel und das Minarett haben sich historisch entwickelt, um viele Menschen ohne elektronische Hilfsmittel mit der Stimme, zum Beispiel für den Gebetsruf erreichen zu können. Daher ist umstritten, ob diese beiden Elemente obsolet sind. Doch wird aus ästhetischen Gründen auf diese Architektur ungern verzichtet. Die Gestaltung der Moschee ist kulturell von den vorherrschenden Traditionen vom jeweiligen Land abhängig. So haben die Moscheen in der Türkei einen byzantinischen Baustil, in Japan oder China gleichen sie einer Pagode und in Djenné ist die große Moschee aus Lehm im sudanesisch-sahelischen

Baustil, für ein Kind aus Deutschland höchstwahrscheinlich als Moschee nicht zu identifizieren.

Innenraum der Moschee

Die Moscheen in Deutschland sind mit Teppichen ausgelegt. Falls ein Besuch an warmen Tagen geplant ist, sollte erfragt werden, ob die Moschee Sockenpflicht vorschreibt. Als Bekleidungsvorschrift für Männer und Frauen gilt im Allgemeinen, so wie in anderen Gotteshäusern auch, das Bedecken von den Schultern bis zu den Knien. Jedoch sollte trotzdem sicherheitshalber die Bekleidungsvorschrift abgesprochen werden, damit es zu keinen Missverständnissen kommt.

Gebetsraum der Moschee Islamische Gemeinde Penzberg

Bei Eintritt in die Moschee, befindet man sich noch nicht im Gebetsraum. Es gibt einen Vorraum mit Schuhregalen. Die Schuhe werden hier, am besten in der Hocke, um das Gleichgewicht halten zu können, ausgezogen und ins Regal gestellt. Kurz vor dem Schuhregal gibt es bereits einen kleinen Teppichbereich. Diesen Bereich betritt man erst barfuß oder mit Socken. Meist befinden sich im Eingangsbereich Toiletten und Waschbecken, um die Gebetswaschung vollziehen zu können, die eine Prämisse für das rituelle Gebet darstellt.

Im Gebetsraum gibt es keine Bänke. Es sind Stühle für diejenigen vorhanden, die sich nicht auf dem Boden setzen können und das rituelle Gebet aus gesundheitlichen Gründen im Sitzen verrichten. Die Wände in Gebetsräumen sind meist mit arabischen Kalligrafien geschmückt. Meistens entscheidet sich die Gemeinde entweder für Namen Gottes, Verse aus dem Koran, Prophetennamen oder die Namen der Gefährten des Propheten Muhammad. Die zwei Hauptmerkmale einer Moschee sind der Minbar (Kanzel) und Mihrab (Gebetsnische). Der Vorbeter (Imam) leitet vor der Gebetsnische das Gebet. Die Gebetsnische zeigt die Gebetsrichtung an, die immer Richtung Mekka ist. Beim Freitagsgebet hält der Imam auf der Treppe eine Predigt. Die Kanzel wird Minbar genannt.

Feste in der Moschee

In der Moschee wird jeden Freitag das Freitagsgebet (صلاة الجمعة) in der Gemeinschaft verrichtet. Das Freitagsgebet besteht aus der Predigt und dem Verrichten des Freitagsgebets als Gemeinschaftsgebet. Die Teilnahme ist für Männer verpflichtend und für Frauen fakultativ.

Im Fastenmonat Ramadan finden an Wochenenden, in manchen Moscheen sogar täglich, gemeinsames Fastenbrechen (Iftar) statt. Es wird eine Mahlzeit nach dem Abendgebet eingenommen. Anschließend findet das spezielle Gebet „Tarawih“ statt, das nur im Fastenmonat Ramadan verrichtet wird. Dieses Gebet besteht aus mehreren Gebetseinheiten und dauert dementsprechend etwas länger. Muslime feiern zwei Feste im Jahr. Wenn der Fastenmonat Ramadan vorbei ist, wird drei Tage lang das Ramadanfest „Eid ul-Fitr“ gefeiert. Das zweite Fest, das Opferfest „Eid ul-Adha“, wird im Gedenken an Abraham vier Tage lang gefeiert. Bei beiden Festen hält der Imam eine kurze Predigt in der Moschee, gefolgt von einem kurzen Gebet in der Gemeinschaft. Dies findet immer früh am Morgen statt. Anschließend gratulieren sich alle gegenseitig zum Fest. Danach wird meistens zu Hause mit der Familie und im engeren Kreis gefeiert.

In Moscheen werden auch Hochzeiten und Geburten gefeiert, für die es keine strikten Zeremonien gibt. Es gibt weitere islamische Feiertage, wie der Geburtstag des Propheten Muhammad oder die Himmelfahrt Muhammads, an die in der Moschee am Abend gemeinsam erinnert wird. Es werden Lieder, Gedichte und Predigten vorgetragen. Meistens werden die Lieder ohne Instrumente gesungen. Wiederum gibt es strengere Strömungen, die das Gedenken an diese Feiertage negieren.

Einige Moscheen in Deutschland verfügen über einen Kühlraum, um die Totenwaschung vollziehen zu können. In diesen Moscheen findet in der Gemeinschaft das Totengebet statt.

Die fünf rituellen Gebete werden täglich in der Moschee als Gemeinschaft verrichtet. Vor jedem Gebet wird der Gebetsruf gesprochen, der in Deutschland nur innerhalb der Räumlichkeiten der Moschee zu hören ist. Falls das Gemeinschaftsgebet verpasst wird, kann das rituelle Gebet in der Moschee, innerhalb des Zeitfensters bis zum nächsten Gebet, einzeln gebetet werden. Es sei denn man bildet mit mindestens einer weiteren Person ein Gemeinschaftsgebet.

Moscheeorganisation

Der Islam hat in Deutschland keinen anerkannten Status als „Religionsgemeinschaft". Daher gestaltet sich die Organisation und Etablierung von islamischen Institutionen als sehr komplex. Aus diesem Grund wird nur ein prägnanter Einblick in die Komplexität gegeben. Es stellt sich die Frage, wie eine Moschee etabliert werden kann, welche Organisation dahintersteht und woher die finanziellen Mittel stammen (bezugnehmend auf Auslandsfinanzierung). In wenigen Bundesländern sind einzelne Moscheeverbände anerkannt, beispielsweise in Hessen, Nordrhein-Westfalen oder Hamburg. In diesen Bundesländern finden Kooperationen zwischen dem Bundesland und dem Moscheeverband in Form von Verträgen statt. Wenn man einen Moscheebesuch in einem Bundesland plant, in dem ein Moscheeverband anerkannt ist, empfiehlt es sich, Moscheen dieses Verbandes aufzusuchen. Falls kein Moscheeverband einen anerkannten Status genießt, sollte man einen Blick in den Verfassungsschutzbericht des Bundeslandes werfen bzw. beim Landesamt für Verfassungsschutz nachfragen, welche Moschee bedenkenlos besucht werden kann. Die Moscheeverbände agieren in der Regel unabhängig; bis auf die DITIB, die der türkischen Religionsbehörde mit Sitz in der Türkei unterstellt ist. Die zentrale DITIB befindet sich in Köln. Je nach politischer Lage wird die Zusammenarbeit zwischen DITIB und den deutschen Behörden fortgeführt oder beendet.

Wer als Imam/Hoca (ausgesprochen Hodscha) einer Moschee angestellt wird, wird meistens vom Vorstand des Moscheevereins entschieden. In Deutschland differenzieren sich die Moscheevereine nicht nur nach der islamischen Strömung bzw. Verortung in der theologischen Auslegung, sondern auch nach der nationalen Herkunft. Deshalb gibt es beispielsweise türkische, bosnische, albanische, arabische oder pakistanische Moscheen.

Häufig werden Imame aus den jeweiligen Herkunftsländern bestellt, die in der Herkunftssprache predigen. Mittlerweile gibt es einige Standorte in Deutschland, in denen auf universitärer Ebene deutschsprachige Imam*innen ausgebildet werden, damit sie fähig sind, in der deutschen Sprache zu predigen. Eine weitere Prämisse ist, dass die Imam*innen die Lebenswelt, Umstände und die Sozialisation von deutschen Muslimen kennen sollen, um einen positiven, partizipierenden und engagierten Beitrag leisten und initiieren zu können. Imame aus den Herkunftsländern können diese Prämisse wenig, zum Teil gar nicht erfüllen, da sie die Lebensumstände deutscher Muslime nicht kennen und nicht nachvollziehen können, weil ihre Ausbildung und Sozialisation nicht in Deutschland stattgefunden hat. In Moscheen finden sich noch sehr wenige weibliche Imaminnen. Das Gebet wird in den meisten Moscheen von männlichen Imamen geleitet. Abgesehen von den wenigen liberalen Moscheen, gibt es eine konsequente Geschlechtertrennung.

Wer kann in Deutschland eine Moschee gründen? Die Moscheeverbände sind eingetragene Vereine. Somit kann im Prinzip jede*r einen Verein bzw. eine Moschee gründen, wenn die Räumlichkeiten und finanziellen Mittel zur Verfügung stehen. Anders als in Österreich gibt es in Deutschland keine islamische Religions- oder Glaubensgemeinschaft, die eine Kontrollfunktion über Moscheen besitzt. Daher ist die Moscheeorganisation mit Problematiken behaftet, weil man nicht immer weiß, welche Personen hinter dem Verein stehen und ob es ausländische Geldgeber gibt, die mit dem Verein bestimmte Interessen intendieren. Die finanziellen Mittel islamischer Vereine erweisen sich als hürdenvoll, da es keine staatlichen Subventionen oder eine Form von „Kirchensteuer“ gibt. Aufgrund dessen wird neuerdings eine Form von „Moscheesteuer“ diskutiert, um das Problem der Finanzierung aus dem Ausland zu beheben.

3. Praxisbeispiele interreligiösen Lernens

3.1 Feste in den Religionen – Interreligiöses Schulprojekt

Im Foyer der Maria-Montessori-Grundschule in Stuttgart-Hausen steht etwas Besonderes. Ein ca. 1,5 m hoher, weißer Regal-Würfel, in dessen Fächern bunte Holzkisten stehen.

Fahrbares Regal mit Kisten zu den Festen der Religionen

Die Schüler*innen der vierten Klassen wissen, was es damit auf sich hat. Denn alle gehen, unabhängig von ihrer Religion und Weltanschauung, in Kleingruppen mit der evangelischen und der islamischen Religionslehrerin dem auf den Grund, was die Kisten zu bieten haben. Und können damit Fragen beantworten wie:

→ Was ist in den Kisten?

In den Kisten gibt es Bastelmaterial, Geschichten, Rätsel, Leporellos, (Ausmal-)Bilder, Bücher, Kerzenständer und viele andere Materialien.

→ Was haben alle Kisten gemeinsam?

In jeder Kiste kann man etwas über ein Fest einer Religion lernen.

→ Was unterscheidet sie?

Die Kisten haben verschiedene Farben. Die Farbe der Kiste steht für die Religion, zu der das Fest gehört, mit dem sie sich beschäftigt.

Blau: Judentum

Lila: Christentum

Grün: Islam

Schnell kommt man so ins Gespräch darüber, dass das Feiern zu besonderen Anlässen etwas ist, was Menschen über ihre Religionen hinweg gemeinsam haben. Welche Feste die Kinder schon kennen, kann davon abhängen, ob sie in einer und wenn ja, in welcher Religion sie erzogen werden, ob sie jemanden kennen, der etwas anderes feiert als sie, oder welche Filme sie dazu schon gesehen haben usw.

In den ca. 60 min, die sich die Kinder mit einer Kiste beschäftigen, wird von den Religionslehrerinnen auch noch anderes geboten: Oft gibt es Videos, in denen kindgerecht erklärt und gezeigt wird, wie und/oder warum heute Purim, Ostern oder das Opferfest gefeiert werden. Die Geschichten hinter den Festen können spannend erzählt und mit den Schüler*innen diskutiert werden.

Der Vorteil der gemischtreligiösen Gruppen: Oft gibt es ein Kind, das davon erzählen kann, wie dieses Fest bei ihm*ihr zuhause gefeiert wird. Dann wird ein Dreidel-Spiel gespielt, ein Oster-Leporello angemalt oder eine Miniatur-Kaaba gebastelt. Dabei lernen die Schüler*innen eine Menge, haben Freude daran und üben ganz nebenbei den interreligiösen Austausch.

Zum Organisatorischen

An der Maria-Montessori-Grundschule Hausen findet in den ersten beiden Stunden des Schultages „Freiarbeit" statt. Während dieser Zeit, in der die Kinder selbstständig arbeiten, wird einer kleinen Gruppe, unabhängig von der sonstigen Zuordnung zum Religionsunterricht, erlaubt, sich mit den Kisten zu den Festen zu beschäftigen. Die Auswahl der Feste orientiert sich meistens am Kalender: Im Dezember wird Chanukka besprochen, im

Ramadan das Ramadan-Fest und im April Ostern. Das Laubhüttenfest und Erntedank betrachten die Schüler*innen im September/Oktober näher. Davon kann man aber natürlich auch abweichen. Der aktuelle Festbezug ist oft ein guter Einstieg.

Damit kein Kind ein Fest doppelt behandelt oder auslässt, bekommen sie am Beginn des Schuljahres eine Sammelkarte. Dort werden nach jeder Stunde mit dem Fest-Material Datum, Name des Festes und die zugehörige Religion eingetragen, dann bekommen sie einen Stempel ins letzte Feld. Die Stempel können ganz einfach aus einem Korken und Moosgummi hergestellt werden. Stempelkissen in der jeweiligen Farbe der Kiste für die Religion können der weiteren Verdeutlichung dienen und erhöhen den Aufforderungscharakter.

Einige Beispiele als Inspiration:

Jüdische Feste:

Chanukka, Laubhüttenfest, Purim, Passah-Fest

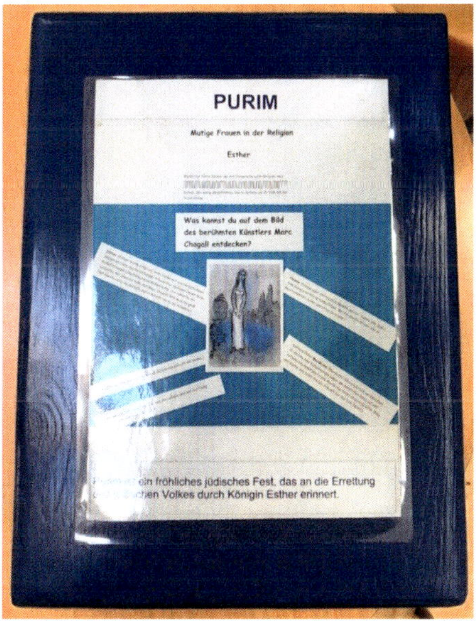

Deckel der Kiste zum Purim-Fest

Übersicht über das Material zum Purim-Fest

Blick in die Kiste zum Purim-Fest

Material zum Chanukka-Fest

Christliche Feste:

Erntedank, Weihnachten, Hl. 3 Könige, Ostern, Pfingsten

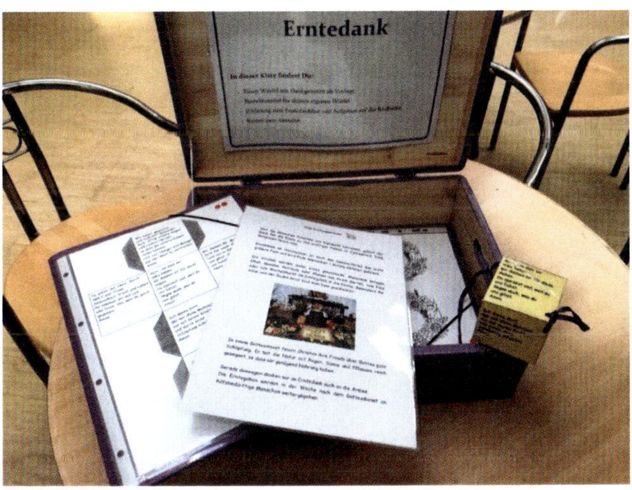

Material in der Kiste zum Erntedank-Fest

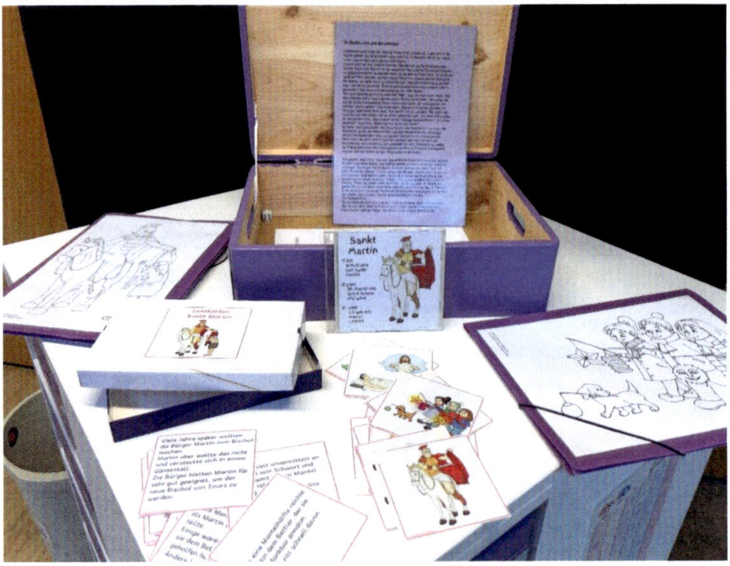

Kreatives Material in der Kiste zum Martinstag

Muslimische Feste:

Opferfest, Ramadan-Fest, Leilat-el-Kadr

Material in der Kiste zum Ramadan

Hier ein Beispiel für die Stempelsammelkarte:

Name: ____________________

Interreligiöse Sammelkarte

Datum	Fest	Religion	Symbol

So könnten die Stempel aussehen:

Bevor dieses fahrbare Regal mit den Kästen über die religiösen Feste gebaut wurde, stand die Idee der Entwicklung eines eigenen interreligiösen Festkalenders. Er wurde von den einzelnen Klassen für die ganze Schulgemeinschaft gestaltet. Dieser Festkalender sollte in einzelnen Postern gut sichtbar (70 cm x 100 cm) im Eingangsbereich der Schule so aufgehängt werden, dass Schüler*innen, Lehrerschaft und Eltern den multireligiösen Kontext sowie die aktuellen Daten der Feste vor Augen haben. Hier sollte schon im Eingang der interreligiöse Charakter der Schule deutlich werden.

Eine interreligiöse Steuerungsgruppe benannte die zu berücksichtigenden Feste, edierte kurze Erklärungen zu diesen und erarbeitete eine monatsspezifische Zusammenstellung der Festzeiten. Die Schüler*innen gestalteten daraufhin die großformatigen Bilder zu den wichtigsten Festen der abrahamitischen Religionen.

Wand zum interreligiösen Festkalender im Eingangsbereich der Schule

Auswahl aus dem interreligiösen Festkalender:

RAMADAN / FASTENMONAT
28 Tage lang fasten Muslime von Sonnenaufgang bis Sonnenuntergang. Mit dem Fest des Fastenbrechens / Id al-Fitr / Zuckerfest geht für Muslime der Fastenmonat zu Ende. Dies wird drei Tage lang mit Gebeten, Besuchen und Geschenken fröhlich gefeiert.

LAILAT AL - QADR /
NACHT DER BESTIMMUNG
In den islamischen Fastenmonat Ramadan fällt die besondere „Nacht der Bestimmung". Muslime feiern, dass der Erzengel Gabriel im Auftrag Gottes dem Propheten Mohammed den Koran geoffenbart hat.

3.2 Geburt Jesu in der Bibel und im Koran (Unterrichtsstunde)

Für diese Unterrichtseinheit (90min) wurden die ansonsten für den Religionsunterricht getrennten Gruppen des christlichen und islamischen Religionsunterrichtes zusammengelegt. Die Doppelstunde wurde an der Maria-Montessori-Schule in Stuttgart erprobt.

Ziele der Unterrichtseinheit sind die Begegnung der beiden Gruppen, die sich zwar sonst vom Unterricht her vertraut sind, aber eben nicht explizit im interreligiösen Kontext miteinander Erfahrungen machen. Das Kennenlernen der Geburtserzählung der jeweils anderen Religion, das Vergleichen der Geschichten, darin die Feststellung, dass Gemeinsamkeiten und Unterschiede die Überlieferungen prägen führten dadurch zur Stärkung der Dialogfähigkeit.

Es wird vorausgesetzt, dass Schüler*innen mit der Methode „Standbilder" vertraut sind.

Zeit	Aktion	Material
2'	Begrüßung	
10'	Hinführung durch Gespräch: „Bald sind Weihnachtsferien. Wer von euch feiert Weihnachten? Erzähle bitte, wie ihr Weihnachten feiert! Was machen denn die anderen währenddessen? Was feiern Christ*innen an Weihnachten? Die Geburt Jesu kommt auch im Koran vor. Heute wollen wir die beiden Geschichten kennenlernen. Dafür wollen wir in Gruppen Standbilder gestalten. Alle Standbilder zusammen ergeben nachher die beiden Geschichten."	
3'	Gruppeneinteilung: 8 Gruppen, jeweils 4 pro Erzählung, möglichst gemischtreligiös	

20‘	Die einzelnen Gruppen erarbeiten anhand der Beschreibung, die sie erhalten Standbilder, die jeweils ein Ausschnitt einer Geburtserzählung sind. Dafür stehen die beiden Unterrichtsräume zur Verfügung, idealerweise werden noch mehr Räumlichkeiten benötigt, um eine Arbeitsatmosphäre zu ermöglichen	Beschreibung der einzelnen Standbilder Requisiten für die Standbilder (s. u.)
25‘	Zurück in der großen Gruppe bauen die Schüler*innen die einzelnen Standbilder nacheinander auf. Wenn ein Standbild steht, wird der dazugehörige Abschnitt der Geschichte vorgelesen.	
25'	Vergleich: Im Unterrichtsgespräch werden die beiden Erzählungen miteinander verglichen. An der Tafel werden Gemeinsamkeiten und Unterschiede in einer Tabelle gesammelt. Die Gemeinsamkeiten und Unterschiede werden durch verschiedene Farben kenntlich gemacht (z.B. Gemeinsamkeiten = blaue Kreide, Unterschiede = gelbe Kreide) Sicherung: Schüler*innen schreiben je 2 Gemeinsamkeiten und 2 Unterschiede mit, die ihnen am wichtigsten erscheinen.	Tafel, verschieden-farbige Kreide
5‘	Variante 1: Vertiefendes Gespräch (auch Fragen der Schüler*innen) „Was stimmt denn jetzt?“ —> Jede*r glaubt/vertraut seiner*ihrer Überlieferung	

5‘	Variante 2: Begegnung vor dem Hintergrund des Besprochenen Schüler*innen aus der christlichen Gruppe singen ein Weihnachtslied vor, haben Plätzchen mitgebracht, Gespräche an den Tischen während des Plätzchenessens	Instrumente
	Sicherung: Die Standbilder werden jeweils fotografiert und ausgedruckt. In der folgenden Stunde basteln die Schüler*innen ein Leporello daraus. Auf der einen Seite ist dann die Geburtserzählung nach dem Koran, auf der anderen Seite nach der Bibel zu sehen. Die Beschreibungen der einzelnen Bilder können ausgedruckt und darunter geklebt werden. Alternativ können die Bilder auch groß gedruckt und als Plakatwand im Klassenzimmer aufgehängt werden.	

Standbilder zur christlichen Weihnachtsgeschichte

Standbild 1: Maria und Gabriel

Maria ist total erschrocken! Plötzlich steht ein Engel in ihrem Haus! Und dann kündigt er auch noch etwas Unglaubliches an. Sie soll ein Kind bekommen. Es soll der Sohn Gottes sein!

Maria hat Angst. Was wird wohl ihr Verlobter Josef dazu sagen?

Aber sie sagt auch: „Wenn Gott mir das zutraut, traue ich mich auch."

Standbild 2: Reise nach Betlehem

Maria und ihr Mann Josef sind auf einer langen Reise. Sie müssen nach Betlehem. Dort kommt Josefs Familie her. Der Kaiser will alle Menschen in Israel zählen lassen - und dafür muss jeder in seine Herkunftsstadt reisen. Der Weg ist weit und Maria ist ja schwanger! Sie reitet auf einem Esel.

Standbild 3: Kein Platz in Betlehem

Maria und Josef sind verzweifelt. Sie stehen vor der Tür einer Herberge. Es ist schon die dritte heute. Aber auch hier: Der Wirt steht in der Tür und lässt sie nicht herein. Alles voll!

Da fällt ihm ein: Er hat noch einen Stall. Da hinten. Er zeigt ihnen die Richtung. Da haben sie wenigstens ein Dach über dem Kopf.

Standbild 4: Das Kind ist geboren - und hat Besuch!

Das Kind ist geboren! Maria und Josef sind überglücklich. Und sie haben auch gleich Besuch bekommen! Hirten sind von den Feldern gekommen, weil Ihnen ein Engel von der Geburt erzählt hat! Auch von ganz weit weg sind weise Männer gekommen, die einem Stern gefolgt sind, der sie zum Stall geführt hat. Alle spüren: Mit diesem Kind ist etwas besonders. Gott kommt uns in ihm ganz nah.

Requisiten:

weißes Gewand/Tuch, Stuhl (1, für Engel, steht erhöht)

2x Kissen o.ä. für Maria (2, 3)

Babypuppe (4)

Stern (4, kann auch an die Tafel gemalt werden)

Plüschtier Schaf (4, für Hirten)

Standbilder zu Jesus/Isa und Maria/Maryam

Standbild 1: Ein Engel erscheint Maryam

Vor langer Zeit ging Maryam an einen entlegenen Ort außerhalb der Stadt, wo nicht viele Menschen waren. Plötzlich erschien ihr ein Engel in der Gestalt eines Mannes. Maryam erschrak sehr und hatte Angst. Der Engel verkündete ihr, dass sie einen Sohn bekommen wird. Ihr Sohn werde ein Prophet sein und als kleines Kind und als erwachsener Mann zu den Menschen sprechen und große Taten für die Menschen vollbringen. Nachdem der Engel das gesagt hatte, verschwand er wieder. Maryam glaubte dem Engel.

Standbild 2: Die einsame Geburt

Mayrams Bauch wurde immer größer. Da sie nicht wollte, dass die Menschen aus ihrem Dorf schlecht von ihr dachten, wanderte sie weiter von ihrer Heimatstadt fort. Als die Zeit gekommen war, das Kind zur Welt zu bringen, war sie ganz allein. Maryam war alleine in der Wüste. Die Sonne schien und wärmte sie auf. Unter einer Dattelpalme fand sie Schutz. Die Palme spendete ihr Schatten. Sie spürte den weichen Sand. Keiner war da, um ihr zu helfen. Maryam war darüber traurig.

Standbild 3: Der Engel schenkt Maryam Trost

Der Engel kam und tröstete sie und rief ihr zu: „Sei nicht traurig! Schau nur, Gott hat neben dir einen Bach fließen lassen und schüttle nur die Palme, dann fallen reife Datteln für dich herunter. Sei nicht traurig.“ Maryam aß die Datteln und trank frisches Wasser vom Bach. Maryam brachte das Kind zur Welt. Nachdem sie sich ausgeruht hatte, beschloss sie, mit dem Baby zu ihrer Familie zurückzugehen.

Standbild 4: Das große Wunder

Als Maryam mit dem Jesusbaby in ihrer Stadt ankam, schauten die Menschen Maryam mit dem Baby im Arm verwundert an. Sie schauten sie erniedrigend an und machten ihr Vorwürfe: „Maryam, was hast du getan? Du kommst einfach so mit einem Kind zurück.“ Maryam schwieg und zeigte auf das Baby. Und da geschah ein großes Wunder. Das kleine Jesus-Baby begann plötzlich zu sprechen und sagte: „Lasst meine Mutter in Ruhe! Ich bin Gottes Diener. Gott hat mich zu seinem Propheten gemacht und mich gesegnet.“ Da schaute jeder erschrocken und war plötzlich still. Noch niemals hatten sie ein Baby gesehen, das sprechen konnte.

Requisiten:

weißes Gewand/Tuch, Stuhl (1, für Engel, steht erhöht)

Kissen o.ä. für Maria (2)

blaues Tuch (3 Bach)

2x Babypuppe (3, 4)

Standbilder - so geht's:

1. **Was wollen wir zeigen?**
   Welche Personen und Sachen kommen vor?
   Welche Gefühle kommen vor?
   Welches Verhältnis haben wir zu einander?

2. **Wo stellen wir uns hin?**
   Was ist der richtige Platz im Raum?
   Wer steht wo - und warum?
   Wer schaut in welche Richtung?

3. Welche **Gegenstände** könnten wir benutzen?

4. Wie ist meine **Körperhaltung**?
   Stehe, sitze oder liege ich?
   Aufrecht oder gebeugt?
   Wo gehören meine Beine und Füße hin?
   Wie halte ich meine Hände?

5. Wie ist mein **Gesichtsausdruck**?
   Wie halte ich meinen Kopf?
   Erinnere dich an die Gefühle aus Frage 1.

3.4 Lerngänge zu Sakralräumen

Mit den Heranwachsenden Sakralräume zu erkunden, heißt vor Ort zu sein und Neues zu entdecken. Selbst bei Kindern aus christlichem Elternhaus ist oftmals die Kirche ein unbekannter Raum. Zwar kennen Kinder das Gebäude von außen, jedoch waren einige noch nie in diesem Gebäude. Die Kirchenraumpädagogik ist schon ein längerer Ansatz, um Kirchengebäude, Kirchenräume und liturgische Vollzüge zu erschließen. Aus diesem religionspädagogischen Ansatz entwickelt sich zunehmend auch eine Sakralraumpädagogik. In diesem Buch liegt der Schwerpunkt auf der Erkundung von Synagogen, Moscheen und Kirchen.

Die Sakralräume sind keine profanen und alltäglichen Räume, sondern besondere heilige Orte des Betens und der religiösen Feier in Gemeinschaft der Gläubigen. Die Räume sind gefüllt mit Gegenständen und Symbolen, die den liturgischen Verlauf unterstützen. Der Raum sowie die angrenzenden Räume selbst möchten den Betenden und Feiernden helfen, sich auf das Beten und Feiern zu konzentrieren. Die Erfahrung zeigt, dass Kinder diese sakralen, auratischen Orte sehr wohl erleben und durch ihr Verhalten respektieren.

Didaktisch wird die Erkundung eines Sakralraumes von folgenden pädagogischen Prinzipien begleitet: von außen nach innen, vom Ganzen zum Detail, vom Bekannten zum Unbekannten. Methodisch wird die Erschließung eines Sakralraumes durch folgende religionspädagogische Schritte gelenkt: Wahrnehmen, Verstehen, Gestalten. Durch diesen Dreischritt findet die Erschließung von äußerlich Sichtbarem zur Bedeutung der Handlung mit dem Gegenstand, vom Symbol zum Wesen des religiösen Symbols, von der Gestalt zum Gehalt statt. Auf dem Weg der Erschließung von Form und Inhalt sind grundsätzlich folgende Aspekte zu beachten: Bei der Wahrnehmung dürfen viele Sinne aktiv beteiligt werden. Das Verstehen wird altersgemäß durch Erklärungen von Expert*innen angeleitet. Sicherlich ist die abschließende Gestaltung in Sakralräumen religionssensibel durchzuführen.

Bei dem Lerngang zu einem sakralen Gebäude erfolgt die Wahrnehmung zunächst von außen nach innen. Die Gestalt des Gebäudes wird betrachtet: Welche Unterschiede zu einem normalen Wohnhaus sind sichtbar? Welche Formen haben die Türme, Fenster und Eingänge? Auch die Farben an den Außenwänden und Fenstern sind zu beachten. Die Beschreibung des Grundrisses sowie die Ausrichtung entsprechend der Himmelsrichtungen können von außen und später von innen bestimmt werden.

An das respektvolle Verhalten im Gebäude sollte nochmals erinnert werden. Auf dem Weg zum zentralen Raum können erste Erklärungen zu den Nebenräumen (z.B. Waschräume in der Moschee) gemacht werden. Entscheidend ist beim Betreten, das die Lerngruppe zunächst zusammenbleibt und einen ersten Eindruck am Eingang des Hauptraumes aufnimmt und austauscht: Was habe ich als erstes gesehen? Welche Gegenstände und Symbole erkenne ich? Was überrascht mich? Welchen Duft nehme ich wahr? Was höre ich? Wie sehen die Wände und die Decke aus? Welche Form haben mögliche Säulen?

In einem zweiten Schritt der Wahrnehmung besteht nun die Möglichkeit, dass die Kinder einzeln den Raum erkunden und einen Ort suchen, der ihnen besonders gefällt, an dem sie sich wohl fühlen. Dort dürfen sie stehen bleiben und den Ort genießen sowie von dort aus, den Raum nochmals wahrnehmen. Dieser zweite Schritt geschieht ohne Reden und Rennen, im stillen Erkunden.

Der dritte Schritt führt von der Wahrnehmung zur Erläuterung der Gegenstände und Symbole. Hier sollte nicht jeder Gegenstand vertieft werden. Exemplarische Erklärungen zum liturgischen Gebrauch genügen, um zu verdeutlichen, dass die Gegenstände eine äußere sichtbare und eine innere wesensbedeutende Seite besitzen. Zum Beispiel können zentral gelegene Gegenstände, die im Mittelpunkt des Raumes sich befinden, näher beschrieben und erklärt werden: An welcher Stelle der Liturgie wird der Gegenstand zum welchem Zweck gebraucht? Wie wirkt dies auf die Betrachtenden, den Betenden und an der Feier Teilnehmenden? Was verändert sich während des liturgischen Vollzuges am Gegenstand? Kommt etwas hinzu oder weg? Welche begleitenden Worte sind wesentlich beim liturgischen Gebrauch des Gegenstandes?

Mit diesen letzten Fragen erfährt die Gruppe schon erste Deutungen durch Expert*innen. Rezeptionsästhetisch finden jedoch auch subjektive Interpretationen statt. Ein Austausch darüber ist sicherlich religionspädagogisch wertvoll.

Beim abschließenden Schritt der Erkundung kann eine Gestaltung mit einem Gegenstand stattfinden. Zum Beispiel liest jemand einen Bibeltext vom Altar oder/und von der Kanzel aus. In der Synagoge könnte ein bekanntes jüdisches Lied verteilt im Raum gesungen werden. In der Moschee können sich die Schüler*innen auf den Teppich setzen und sich eine Koran-Rezitation anhören. Möglich wäre auch, dass die Kinder auf die Kanzel in der Moschee steigen. Durch eigenes Tun erfährt die Erschließung des Sakralraumes eine Vertiefung und bleibt religionspädagogisch nachhaltiger.

Praktische Tipps beim Besuch einer Synagoge:

Bei dem Besuch der Synagoge ist eine Kontaktaufnahme zuvor empfehlenswert. Beim Synagogenbesuch benötigen alle männlichen Besucher eine Kopfbedeckung. Das können normale Kappen, Hüte oder ähnliches sein. In den Synagogen gibt es normalerweise auch „Käppchen“, die man dort leihweise bekommt, wenn man keine eigene Kopfbedeckung hat. Ansonsten sollte man sich so anziehen, wie man auch in andere Gotteshäuser gehen würde.

Praktische Tipps beim Besuch einer Kirche:

Nicht alle Kirchen sind die Woche über geöffnet, so dass bei einem Besuch eine Kontaktaufnahme sich empfiehlt. Vor der Kirche steht meist ein Schaukasten mit wichtigen Informationen zu der Kirche, wie etwa Öffnungszeiten und Kontaktadresse. Auch im Internet sind alle Gemeinden inzwischen präsent. Es ist so recht einfach, einen Besuch zu organisieren. Besonders in katholischen und orthodoxen Kirchen ist darauf zu achten, dass die Schultern und Knie bedeckt sind.

Praktische Tipps beim Besuch einer Moschee:

In Deutschland sind selten Moscheen von außen als Moschee erkennbar. Wenn man einen Moscheebesuch plant, sollte man im Internet recherchieren, welche Moscheen es vor Ort gibt. Es ist zu empfehlen, sich bei der Moscheeauswahl über die jeweilige Trägerorganisation zu informieren. Je nach Bundesland gibt es eventuell anerkannte islamische Gemeinschaften. In den Moscheen gibt es Moscheeführer*innen, die für die Durchführung zuständig sind. Nicht alle Moscheen haben eine eigene Homepage mit Kontaktdaten. Daher sollte man am besten persönlich bei der Moschee vorsprechen und nach der Moscheeführer*in fragen. Falls diese*r gerade nicht im Haus ist, sollte man stets um Telefonnummern bitten. Für das Aufsuchen der Moschee ist die Zeit am Freitag zum Mittagsgebet nicht empfehlenswert, da das Freitagsgebet stattfindet und die Moschee höchstwahrscheinlich übermäßig besucht ist.

Multireligiöse Feier

4. Grundlagen für multireligiöse Feiern

4.1 Gottesverständnis

In der Planung und in der Vorbesprechung von multireligiösen Feiern ist die Frage um das Gottesverständnis unerlässlich. Welches Gottesverständnis haben die beteiligten Religionen? Kann das Wort „Gott“ überhaupt verwendet werden?

Im Folgenden werden diese Ausgangsfragen durch die Betrachtung der jeweilen Gottesvorstellungen in den abrahamitischen Religionen beantwortet. Wir gehen in den Unterkapiteln chronologisch entsprechend der Entstehung dieser drei Religionen vor: Judentum, Christentum und Islam.

4.1.1 Gottesverständnis im Judentum

G‘tt ist vor allem einzig und unteilbar. Er ist der Schöpfer des Universums und allem, was darin enthalten ist. G‘tt ist unendlich, ewig. Seine Herrschaft ist unbegrenzt. Von Moses auf seinen Namen angesprochen, hat er geantwortet: „Ich Bin, Der Ich Bin“. (2. Mose 3, 14)

ויאמר אלהים אל-אהיה משה אהיה אשר תאמר כה ויאמר לבני ישראל שלחני אהיה אליכם

In der Thora gibt es auch im 2. Mose 20, 3 das Verbot, sich ein Bild von G‘tt zu machen.

„Du sollst Dir kein G‘ttesbild machen und keine Darstellung von irgendetwas am Himmel droben, auf der Erde unten oder im Wasser unter der Erde ist. Du sollst den Namen des Herrn, deines G‘ttes, nicht missbrauchen; denn der Herr lässt den nicht ungestraft, der seinen Namen missbraucht.“

אנכי יהוה מארץ הוצאתיך אשר אלהיך מצרים מבית עבדים לא-יהיה אלהים לך אחרים על-פני

לא-פסל לך תעשה וכל-תמונה בשמים אשר ממעל בארץ ואשר מתחת במים ואשר מתחת לארץ

לא את תשא-שם-יהוה לא כי לשוא אלהיך יהוה ינקה את אשר-את ישא-לשוא שמו

Von daher sind alle Eigenschaften und Beschreibungen hinfällig. G‘tt ist für uns nicht fassbar, deshalb wird sein Name von jüdischen Menschen im Deutschen „G’tt“ geschrieben.

4.1.2 Gottesverständnis im Christentum

Das Gottesverständnis im Christentum ist unabhängig von den einzelnen konfessionellen Ausprägungen und Denominationen trinitarisch. Christ*innen bekennen sich also zu dem einen und einzigen Gott, den sie zugleich als einen dreieinigen verstehen: Vater, Sohn und Heiliger Geist.

Gott, der Schöpfer - der Vater

„Am Anfang schuf Gott Himmel und Erde." Dieser allererste Satz der Bibel (1. Mose 1,1) ist eigentlich ein Glaubensbekenntnis, das besagt: Gott will die Welt, aus dem Nichts heraus hat er sie erschaffen.

Einerseits ist und bleibt Gott immer die Quelle des Lebens, aus der alles, was lebt, hervorgeht. Leben ist eine Gabe, ein Geschenk von ihm. Andererseits aber lässt er das Leben sich selbst in Freiheit organisieren. Er legt, so erzählt die Bibel in der Schöpfungsgeschichte, seine Lebenskraft in die Schöpfung hinein, damit seine Geschöpfe sich fortpflanzen und vermehren können (1. Mose 1,22.28).

Die liebevolle Bindung Gottes an seine Schöpfung bleibt: Welchen Schaden seine Schöpfung auch erleiden mag, was auch immer seine Geschöpfe einander antun - Gott ist und bleibt in Beziehung zu ihr. Er sorgt dafür, dass seine Schöpfung nicht ins Nichts zurück versinkt (1. Mose 8,22), er erhält sie.

Das letzte Schöpfungswerk Gottes ist der Mensch. *„Und Gott schuf den Menschen zu seinem Bilde ... und er schuf sie als Mann und Frau"* (1. Mose 1,26). Der Mensch ist Teil der Natur. Denn er wird zusammen mit den Tieren erschaffen; er pflanzt sich fort durch Zeugung und am Ende muss er davon „wie das Vieh" (Psalm 49,13). Was den Menschen aber von allem anderen Geschaffenen unterscheidet, ist, dass Gott in ihm ein Du sucht und er ihn beständig einlädt, sich auf den Dialog einzulassen. Nur der Mensch vermag ihn bewusst zu erfahren, mit ihm in Kommunikation zu treten. Diese Auszeichnung des Menschen vor allen Kreaturen findet ihren Ausdruck im Symbol der „Gottebenbildlichkeit" (1. Mose 1,26).

Jesus, der Heiland - Gottes Sohn

Alles Geschaffene spiegelt die Herrlichkeit des Schöpfers wider. Aber durch das ganze Dasein geht auch ein Riss. Die Welt ist nicht so, wie sie von Gott her sein soll. Warum? Der

Mensch, die Krone der Schöpfung, hat sich von Gott entfremdet. Er hat seine gottgegebenen Grenzen überschritten. Wie Gott wollte der Mensch sein und hat sich damit vom Ursprung und Urgrund allen Lebens getrennt. Ausgedrückt wird diese Trennung in der symbolischen Geschichte vom „Sündenfall" (1. Mose 3). Neben den hellen, schönen hat die Schöpfung deshalb immer auch dunkle, geheimnisvolle, unerklärliche Seiten und ist damit auch Teil der Gottesferne. Die Schöpfung ist trotz all ihrer Schönheit und ihren wunderbaren Gesetzen immer auch voll unbegreiflicher Härte. Der Mensch ist nicht immer des Menschen Freund, oft auch des Menschen Feind. Es gibt Naturkatastrophen, Erdbeben, Epidemien, in der Schöpfung herrscht zudem immer auch der grausame Kampf ums Dasein.

Deshalb braucht es ein neues Fundament für die Beziehung zu Gott, das in Jesus Christus, den Sohn Gottes, gelegt wird. Im Glauben und im Vertrauen auf ihn wird der Graben zwischen Gott und Mensch überbrückt, kehrt in die Beziehung zu Gott Heilung ein (2. Korinther 5,17). In ihm ist Gott zur Welt gekommen, in Raum und Zeit eingekehrt, hat er sich uns ganz und gar endgültig offenbart (Johannes 1,14). In Jesus hat Gott uns zudem gezeigt, wie wahres Mensch-sein aussehen kann, wie Frieden, Freude und Gerechtigkeit unter uns wachsen können (Matthäus 5). Durch ihn können wir, trotz dunkler, unheilvoller Erfahrungen, sicher sein, dass Gott uns liebt. Keine Macht weder im Himmel noch auf der Erde vermag uns von der Liebe Gottes zu trennen, wie sie in Jesus Gestalt gewinnt. Sogar im Tod lässt Gott uns nicht im Stich. Er trägt und hält uns (Römerbrief 8,38 f.). Denn das ist die frohe Botschaft von Ostern: Jesus hat den Tod überwunden, und damit auch für alle die Tür des Tores aufgestoßen (Johannes 14,19).

Fragmentarisch, bruchstückhaft leuchtet in den Worten und im Wirken Jesu eine neue, heilvolle, von einer ungebrochenen Gottesbeziehung getragenen Welt auf, die im Glauben auch immer wieder erfahrende Wirklichkeit wird. Am Ende der Tage wird Jesus Christus aber in Herrlichkeit wiederkommen. Und mit seinem Kommen schafft Gott dann einen neuen Himmel und eine neue Erde. Dann wird die Welt so sein, wie Gott sie will, ohne Tränen, ohne Schmerz, Leid, Geschrei und Tod (Offenbarung 21,1-4).

Sehnsüchtig warten die Gläubigen auf diese neue Welt, in der Gott für alle sichtbar wird, sie dann nicht mehr im bruchstückhaften Glauben, sondern im vollen und ganzen Schauen leben. Deshalb lauten die letzten Worte der Bibel: „*Amen. Ja, komm, Herr Jesus*" (Offenbarung 22,20).

Gottes Gegenwart - Heiliger Geist

Jesus hat vor ungefähr 2000 Jahren gelebt. Da stellt sich die Frage: Wie kann das, was vor so langer Zeit geschehen ist, heute noch für Menschen Bedeutung haben? Die Antwort darauf ist: Der Geist Gottes ist es, der das Werk Jesu fortsetzt bis auf den heutigen Tag. Der Heilige Geist ist die Kraft Gottes und die Kraft Jesu (Johannes 14,16-18). Durch ihn wird das Vergangene - das Bekenntnis zu Gott dem Schöpfer, die heilenden Worte und Taten Jesu - für uns heute im Glauben Gegenwart. Durch ihn schenkt uns Gott den Mut zum Glauben, zum Lieben und zum Hoffen.

4.1.3 Gottesverständnis im Islam

Der Islam gehört zu den monotheistischen Religionen. Dies bedeutet, dass der Islam nur einen einzigen Schöpfer kennt und Polytheismus nicht akzeptiert. Im islamischen Glaubensbekenntnis „Schahada" bezeugt ein jeder, der sich zur islamischen Religion bekennt, auf Arabisch „La ilaha illallah". Dies bedeutet übersetzt, dass es keine andere Gottheit außer Allah gibt. Der reine Monotheismus, Gott als Schöpfer und Lenker zu akzeptieren und zu verinnerlichen, stellt die Grundlage im islamischen Glauben dar. In der Islamwissenschaft wird in diesem Kontext vom arabischen Terminus „Tauhid" gesprochen. Der Begriff „Tauhid" hat seinen Ursprung im Wort „wahida", was „eins machen" bedeutet. Fachspezifisch umfasst der Begriff „Tauhid" die ausschließliche Anbetung Gottes und die Akzeptanz der Einheit Gottes und seinen Attributen. Die kürzeste Sure 112 im Koran „Aufrichtigkeit des Glaubens" (Al-Ikhlas) gibt prägnant das islamische Gottesverständnis wieder:

„Im Namen Allahs, des Erbarmers, des Barmherzigen! Sprich: „Er ist der Eine Gott, Allah, der Absolute (von dem alles abhängt und der selbst völlig unabhängig ist). Er zeugt nicht und ist nicht gezeugt, und es gibt keinen, der Ihm gleicht."[4]

Dieser Abschnitt des Koran unterstreicht die Einzigartigkeit Gottes und die Unvergleichbarkeit mit den Menschen. Diese Sure schließt im Gegensatz zum christlichen Verständnis eine metaphorische Beziehung Gottes als Vater und die Menschen als seine Kinder aus. Aus diesem Grund wird man weder im Koran noch in den prophetischen Tradierungen diese Formulierungen vorfinden.

---

[4] Übersetzung von Max Henning.

In der islamischen Tradition haben sich die „Asma ul husna“, die schönen Namen Gottes, etabliert. Sie umfassen die 99 Namen Gottes. Werden jedoch alle Tradierungen von Muhammad betrachtet, die Gott beschreiben, kommt man auf eine viel höhere Zahl. Da die Aufzählung aller Namen und Attribute den Rahmen sprengen würde, werden exemplarisch wenige aufgezählt:

- Ar-Rahman: der Gnadende
- Ar-Rahim: der Barmherzige
- As-Salam: der Friede
- Al-Muhaymin: der Beschützer und Bewacher
- Al-Haliq: der Schöpfer
- Al-Ghaffar: der Verzeiher
- Al-Alim: der Allwissende
- As-Sami: der Hörende
- Al-Baschir: der Sehende
- Al-Wadud: der Liebevolle

Im Einklang mit dem jüdisch-christlichen Gottesverständnis umfassen diese Namen Gottes viele Lebensbereiche der Menschen. In der Formulierung von Bittgebeten suchen sich Muslime zur Ansprache Gottes die passenden Namen aus, die zum Kontext der Bitte passen. Im Koran heißt es in der siebten Sure, Vers 180: „*Und Allah gehören die schönsten Namen (Asma ul-husna). Darum ruft Ihn damit an und verlasst jene, welche Seine Namen missbrauchen. Wahrlich, sie sollen für ihr Tun belohnt werden.*“

Zu klären ist, ob die deutsche Bezeichnung „Gott“ in der Ansprache bei Gebeten verwendet werden kann. Da „Allah“ der arabische Eigenname ist und „Gott“ die Übersetzung ins Deutsche darstellt, kann das Wort „Gott“ auch im Blick auf Gemeinsamkeiten und Unterschiede angewandt werden.

4.2 Modelle religiösen Feierns

Neben dem Religionsunterricht findet die religiöse Bildung auch in Feiern, Gottesdiensten und Lerngängen statt. Vor allem im urbanen Raum hat der Anteil der muslimischen Schüler*innen zugenommen. Der Staat reagierte darauf durch die Einführung eines islamischen Religionsunterrichts (IRU). In manchen Schulen entsteht der Wunsch, auch gemeinsame religiöse Feiern zu gestalten und zu erleben. Meistens finden solche Feiern im Primarbereich statt. An vielen Orten fehlen noch muslimische Lehrkräfte, so dass Personen aus der muslimischen Elternschaft oder aus benachbarten Moscheen zur Mitarbeit einer gemeinsamen Feier angefragt werden. Dasselbe gilt für jüdischen Vertreter*innen.

Mancherorts fehlt die Einsicht, dass solche Feiern überhaupt gemeinsam durchgeführt werden können. Aus der Erfahrung genährt, können diese Feiern zum vertieften Kennenlernen der Religion und Kultur des Anderen und zum Abbau von Vorurteilen beitragen. Hier liegt es in der pädagogischen Verantwortung der Schule, die Identifikation der Schülerinnen und Schüler von Anfang an durch die Hervorhebung des Gemeinsamen und auch des Besonderen zu fördern.

Im gesellschaftlichen Raum unterscheidet man vier mögliche Modelle des gemeinsamen Feierns:[5]

- Liturgische Gastfreundschaft: oftmals sind es christlich-ökumenische Gottesdienste, in denen Menschen anderer Religionen teilnehmen

- Veranstaltung mit religiösen Elementen: bei Jubiläen, Gedenkfeiern oder Einweihungen werden oftmals religiöse Elemente sensibel integriert

- Multireligiöse Feier: Repräsentant*innen verschiedener Religionsgemeinschaften, die klar zu erkennen sind, beten nebeneinander bei einer gemeinsamen religiösen Feier; Gemeinsamkeiten und Unterschiede werden deutlich

- Interreligiöse Feier: Repräsentant*innen verschiedener Religionsgemeinschaften beten ein gemeinsames Gebet; das Gottesverständnis wird kaum noch unterschieden und differenziert wahrgenommen

---

[5] Vgl. ACK Baden-Württemberg (Hg.): Können Christen und Muslime miteinander beten, Reutlingen 2019, S.10; Evang. Landeskirche in Württemberg u.a. (Hg.): Religiöse Feiern im multireligiösen Kontext der Schule, Tauberbischofsheim 2018, S. 13.

Interreligiös oder multireligiös im schulischen Kontext?

Im Folgenden werden die interreligiöse Feier und die multireligiöse Feier näher beschrieben und die Chancen und Grenzen aufgezeigt.

Eine interreligiöse Feier ist ein Gebetstreffen, am besten an einem neutralen Ort, an dem Mitglieder der verschiedenen Religionsgemeinschaften teilnehmen. Die Gebete sollten möglichst nicht in christlichen Gotteshäusern abgehalten werden, um die Gefühle gläubiger Juden und Muslime nicht zu verletzen, die in sakralen Räumen das Bilderverbot berücksichtigen. Unter interreligiösem Beten versteht man ein gemeinsames Sprechen von Gebeten von Juden, Christen und Muslimen. Es wird davon ausgegangen, dass zum selben Gott gebetet wird. Diese Form des gemeinsamen Betens birgt große Schwierigkeiten in sich, da die verschiedenen Religionen teilweise auch unterschiedliche Gottesvorstellungen (siehe 1.1) haben und diese im Gebet zum Ausdruck kommen dürfen. Ein Vorteil des interreligiösen Betens ist, dass bei einer wechselseitigen Teilnahme die spirituellen und religiösen Besonderheiten der Religionen kennengelernt werden können. Dieses Modell wird in manchen Stadtgesellschaften praktiziert. Jedoch besteht im schulischen Kontext die Gefahr einer religiösen Verwirrung bei den Heranwachsenden.

Bei einer multireligiösen Feier kommt man auch zusammen, um zu beten, aber eben nicht zum gemeinsamen gleichen Gebet. Jede*r Teilnehmer*in gibt einerseits ein Zeugnis seines Glaubens, nimmt aber andererseits gleichzeitig auch beim Zuhören die andere religiöse Tradition und Überzeugung respektvoll wahr. Hier betet jeder mit seinen eigenen traditionellen Texten und Gebeten, während die anderen achtsam zugegen sind.

Dieses Modell findet auch bei den Friedensgebeten in Assisi seit 1986 statt. Dort werden viele Religionen eingeladen, um für den Frieden zu beten. Multireligiöse Gebete fordern, dass wir an unserem Glauben und unserem Gottesverständnis festhalten, dabei aber einander respektvoll zuhören. Die Beteiligten suchen, das Gute und Heilige in den Lehren der Anderen zu erkennen und gemeinsam alle Initiativen zur Förderung des gegenseitigen Verständnisses und des Friedens zu unterstützen. Hier vereint das gemeinsame Ziel und jede Religionsgemeinschaft bringt inhaltlich ihre Sichtweise und religiösen Elemente ein.

Bei der multireligiösen Feier laden die beteiligten Religionen gemeinsam ein. Eine religiöse gemischte Arbeitsgruppe plant und gestaltet das Treffen. Als Regel für die Zusammenkunft von Menschen verschiedener Religionen gilt, dass auf das gemeinsame gleiche Gebet - sei es von frei verfassten oder sei es von aus der Tradition ausgewählten Texten - verzichtet wird.

Die jeweiligen Repräsentant*innen sind für ihre Religion und Gebete erkennbar. Es sollte auch darauf verzichtet werden, Lieder zu singen, die von den jeweiligen Glaubensvorstellungen und Gebetstraditionen intensiv geprägt sind und trennend wirken. Die jeweiligen Vertreter*innen nehmen auch keine Texte oder Bräuche anderer Religionen in ihre Beiträge auf, die nicht gleichzeitig - wie im Fall des Alten Testamentes bei Christen - auch zur eigenen Überlieferung gehören.

Für den Ablauf und Aufbau einer Feier gibt es keine verbindliche oder feststehende Form. Es gehört sicherlich ein Rahmen mit Eröffnung und Abschluss dazu. Die Gestaltung der von den einzelnen Partner*innen vorgetragenen Teile liegt in deren Verantwortung, muss aber so aufgebaut sein und vorgetragen werden, dass jede*r Teilnehmer*in mit Respekt folgen kann und sich nicht angegriffen fühlt. Das gemeinsame Feiern wird im schulischen Kontext oft unter ein bestimmtes Thema gestellt oder einem bestimmten Anliegen wie dem Frieden, der Gerechtigkeit oder der Fürsorge der Schöpfung gewidmet.

Eine religiöse Begegnung während einer Feier mit verschiedenen Religionen ist nur möglich, wenn sich die Partner*innen die Mühe machen, Vorstellungen und Traditionen der Anderen kennen zu lernen und zu verstehen, ohne dabei den eigenen Standpunkt zu verlieren. Der respektvolle und wertschätzende Umgang mit Menschen anderer Kulturen und Religionen sollte als Beitrag verstanden werden, die interreligiösen bzw. interkulturellen Kompetenzen der Schülerinnen und Schüler zu entwickeln, indem Unsicherheiten und Ängste gegenüber dem Fremden abgebaut und ein besseres Verständnis gefördert wird. So kommt es zu einer Begegnung, in der das kulturell bzw. religiös Trennende nicht mehr fremd und mysteriös bleibt, sondern durch die Anerkennung des Anderen verstanden sowie mögliche gemeinsame Wurzeln hervorgehoben werden.

4.3 Elemente einer Feier

Worte sind nicht neutral. Sie tragen immer die Geschichte ihres Gebrauchs in sich. Das ist besonders bei Worten so, die in religiösen Traditionen über Jahrhunderte gebraucht und geprägt worden sind. Das gilt es sich vor allem dann bewusst zu machen, wenn man auf Menschen anderer Tradition und Religion trifft. Bei der Vorbereitung einer multireligiösen Feier „stolpert“ man immer wieder gern über diese unterschiedlichen Verständnisse aus der jeweiligen Tradition heraus.

Dasselbe gilt für die verschiedenen Elemente religiöser Vollzüge. Manche ähneln einander, werden aber anders genannt; andere haben ähnliche Namen, die allerdings ganz unterschiedliche Vollzüge bezeichnen. Bereits die Arbeit im Vorbereitungsteam erfordert hier also besondere Sensibilität und einiges an Aushandlungsprozessen, die innerhalb der eigenen Religion und Tradition oft nicht nötig sind. Genau deshalb sind sie auch so wertvoll und sollten nicht umgangen werden, indem man möglichst oberflächlich bleibt. Gerade in diesem positiven Auseinandersetzen miteinander wird man sich der eigenen Tradition bewusster und lernt die andere kennen.

Hier sollen einige Gedankenanstöße dafür zu immer wieder vorkommenden Begriffen und Elementen gegeben und begründet werden, für welche Praxis wir uns entschieden haben.

Der Begriff „Feier“

Schon der verbreitete Begriff der „multireligiösen Feier“ (siehe 1.2) ist nicht einfach in allen Religionen gleich besetzt. Während er für Muslim*innen und Christ*innen weitgehend unproblematisch, weil nicht religiös besetzt ist, bezeichnet die „Feier“ im Judentum im Unterschied zum Gottesdienst den religiösen Vollzug im privaten Rahmen. Die Seder-Feier zu Pessach ist ein Beispiel dafür. Die private Feier, nicht der Gottesdienst in der Synagoge ist oft der entscheidende Vollzug bei der Begehung eines Festes. Die klassische multireligiöse Feier allerdings ist ein öffentlicher Akt an einem neutralen Ort. In Ermangelung einer Alternative und auch weil der Begriff bereits verbreitet ist, verwenden wir ihn trotzdem. Allerdings mit der Empfehlung, diesen Bedeutungsunterschied anzusprechen und im Blick zu behalten. Fühlen sich jüdische Beteiligte gestört oder befremdet, sollte über eine Alternative nachgedacht werden.

Die Gottesansprache: Allah, Vater oder Adonai?

Wie sprechen wir Gott während einer multireligiösen Feier an? Welches Wort benutzen wir, wenn wir über das Göttliche sprechen wollen? In den verschiedenen religiösen Traditionen gibt es viele Gottesbezeichnungen. Im Islam hat Gott 99 Namen. Im Christentun gibt es verschiedene Möglichkeiten, Gott anzusprechen (z.B. „Vater“, „Herr Jesus“). Im Judentum ist der Gottesname heilig und wird überhaupt nicht ausgesprochen, sondern durch andere Worte (z.B. Adonai (= Herr)) ersetzt. Die meisten dieser Bezeichnungen sind in theologischen Spezifika gegründet und für andere Religionen nicht mitzutragen. Im Islam kann Gott nicht Vater genannt werden, für viele deutschsprachige Christ*innen ist der arabische Begriff „Allah" (= Gott) befremdlich; für arabischsprachige Christ*innen ist der Begriff „Allah" für Gott selbstverständlich. Wenn hingegen zu Jesus Christus gebetet wird, ist das sowohl für jüdische als auch für muslimische Gläubige nicht mitvollziehbar.

Ein Wort, das allerdings für alle Religionen funktioniert, ist das schlichte Wort „Gott". Ob wir alle denselben Gott meinen, wenn wir dieses Wort sagen, ist erkenntnistheoretisch genauso wenig zu klären, wie die Frage, ob es Gott tatsächlich gibt oder nicht. Das bleibt letztlich die Glaubensentscheidung der Einzelnen. Mit dieser neutralen Formulierung bleibt der Raum dafür, den Begriff mit den eigenen Vorstellungen zu füllen.

Zum Gebet

Gebete sind Elemente jeder religiösen Feier. Doch werden sie unterschiedlich praktiziert und gefüllt. Im Islam gehört das rituelle Gebet (salah) fest zum Ablauf nicht nur des Tages, sondern auch religiöser Zusammenkünfte. Daneben gibt es nur eine Form von Gebet: das sogenannte Bittgebet (dua). Während im Juden- und Christentum die Gebetsform der Bitte lediglich dafür verwendet wird, Gott um etwas zu bitten. Hier gibt es daneben noch weitere frei gestaltbare Gebetsformen, wie Lob, Klage, Dank, Fürbitte usw., die vor allem in den Psalmen ihr Vorbild haben. Diese Bezeichnungen gibt es im Islam nicht, sie sind im Begriff Bittgebet subsummiert. Auch hier gilt es also, in der Kommunikation Missverständnisse zu vermeiden.

Die Stille zum Bittgebet gehört im Islam fest zum Ablauf des Freitagsgebets; die Predigt wird dazu traditionell unterbrochen. Auch in christlicher Liturgie ist das stille Gebet möglicher Bestandteil. Da sie individuell gefüllt werden kann, eignet sich eine gemeinsame Stille zum Gebet besonders für gemeinsame Feiern.

Doch auch Gebete aus den einzelnen Religionen sollten vorkommen. Hier ist wichtig, dass die betenden Personen klar und eindeutig ihre jeweilige Religion repräsentieren und sie vollziehen. Es ist also nicht möglich, dass nur eine Person diesen Teil übernimmt. Hier dürfen auch Besonderheiten zum Beispiel in der Gottesansprache zu Tage treten. Zum Beispiel kann aus den 99 Namen Gottes im Islam ein jeweils passender herausgesucht werden oder eine arabische Formel zur Eröffnung des Gebets verwendet werden. Generell gilt dann aber, egal ob Hebräisch oder Arabisch, dass ins Deutsche übersetzt oder übertragen wird, damit alle wissen, was gesagt wurde.

Auch beim Beten in der Form des Nebeneinanders sollte mit Formulierungen, die für andere problematisch sein könnten, sensibel umgegangen werden. Im Gebet, also dort, wo Glaube vollzogen und nicht über ihn gesprochen wird, darf und soll deutlich werden, dass es sich um ein gemeinsames Feiern unterschiedlicher Religionen handelt. Das kann auch durch einleitende Worte explizit gemacht werden. Dabei ist wichtig, dass der freiwillige Charakter zur Sprache kommt: Wer möchte, darf die gesprochenen Worte als sein eigenes Gebet mittragen; wem sie fremd sind, der darf sie als Zuhörende*r wahrnehmen.

Schluss des Gebetes: Amen - Amin - „So soll es sein"

Die Möglichkeit, ein Gebet mit dem Wort „Amen" (arab. „Amin") zu beschließen, ist Judentum, Christentum und Islam gemeinsam. Deshalb kann es auch gemeinsam gesprochen werden. Um die Bedeutung klar zu machen, kann eine Übertragung ins Deutsche helfen, die auch gemeinsam von allen Anwesenden einer Feier gesprochen werden kann: „So soll es sein."

Segnen: Wer kann/darf das?

Auch das Wort „Segen" gibt es in Judentum, Christentum und Islam. Allen gemein ist, dass es darum geht, dem anderen Gutes und Heilsames von Gott her zu wünschen. Dennoch ist die Praxis im religiösen Vollzug sehr unterschiedlich.

Im Judentum gibt es besondere Segensformeln, wie den aaronitischen Segen oder den Segen eines Vaters über seine Kinder, die zu gewissen Anlässen zugesprochen werden. Ansonsten wird um Segen gebeten. Das wird an viele Orten und zu unterschiedlichen Zeiten getan.

Im Christentum endet jeder Gottesdienst mit einem Segen, Menschen segnen auch einander, sprechen die heilsame Gegenwart Gottes übereinander aus. Im Katholizismus ist der päpstliche Segen zu gewissen Anlässen vielleicht mit den jüdischen Traditionen vergleichbar.

Im Islam kann kein Mensch einen anderen segnen - Segen wird von Gott erbeten und ist damit Teil des Bittgebetes. Den Vertreter*innen ist es überlassen, wann und ob eine Segensbitte vorkommt.

Da auch im Christentum die Bitte um Segen bekannt und möglich ist, empfehlen wir bei der Bezeichnung dieses Elementes in einer Feier eher das Wort „Segensbitte" als das Wort

„Segen“ zu verwenden. Es verbindet uns, dem Anderen Gutes und Heilsames von Gott her zu wünschen.

4.4 Musik und Liederauswahl

Grundsätzlich braucht eine multireligiöse Feier keine Musik. Denn Musik ist kein verbindendes Element der Religionen. Singen im Gottesdienst entstammt ursprünglich der jüdisch-christlichen Tradition. Die muslimische Überlieferung hingegen kennt die enge Anbindung von Glauben und instrumentaler Musik in vielen Strömungen nicht.

Deshalb muss in der Vorbereitung der Feier geklärt werden, ob überhaupt und in welcher Form Musik vorkommen soll. Eine Einmütigkeit ist in dieser Frage wichtig.

Häufig gehört jedoch in der Praxis zu einer (multireligiösen) Feier Musik. Einerseits ist sie Teil des schulischen Unterrichts. Kinder können so ihre Gaben und Fähigkeiten in das gemeinsame Feiern einbringen. Andererseits schenkt Musik dem Zusammensein eine besondere Qualität. Denn sie schweißt die Feiernden zu einer Gemeinschaft zusammen, vermag zudem auch tiefe Schichten in uns anzurühren: „Mehr als Worte sagt ein Lied“.

Wie kann die Einbindung von Musik aussehen? Eine Möglichkeit ist, dass Schülerinnen und Schüler instrumental oder chorisch die Feier bereichern. Der Schulchor singt, ein Musikteam spielt. Es kann natürlich auch eine Religionsgemeinschaft ihr jeweiliges Liedgut oder ihre instrumentale Tradition einbringen. Gemeinsamkeiten, aber auch Unterschiede zur eigenen religiösen Tradition werden beim Hören dann deutlich.

Besonders eindrücklich ist, wenn die ganze Schulgemeinde singt und sich dabei als Subjekt des gemeinschaftlichen Feierns erfährt. Vorab ist natürlich eine gemeinsame Auswahl des Liedguts und ein gutes Einüben der Lieder unerlässlich.

Allerdings gibt es bisher nur sehr wenige interreligiöse Lieder. Das gemeinsame Liedgut ist erst im Werden.

Erste Versuche gibt es aber. Ein herausragendes Beispiel dafür ist „Trimum - Interreligiöses Liederbuch. Gemeinsam feiern und singen“, das im Jahre 2017 erschienen ist. Die Lieder bewegen sich häufig auf einem hohen Niveau und müssen intensiv von einem Chor einstudiert werden. Für das gemeinsame Singen scheinen sie weniger geeignet.

Bis das interreligiöses Liederrepertoire gewachsen ist, musss wohl notgedrungen immer auch auf Liedgut der einzelnen Religionen oder allgemein Bekanntes und Vertrautes zurückgegriffen werden. Es hat sich in der Praxis gezeigt, dass bei multireligiösen Feiern, bei denen jüdische, christliche und muslimische Vertreter*innen teilnehmen, das jüdische Liedgut eine reiche Quelle ist.

Über die Eignung von Liedern sollte möglichst auch Einmütigkeit herrschen. Niemand sollte dadurch in seinem religiösen Empfinden verletzt werden. Es ist ein lohnender Prozess, dass das multireligiöse Vorbereitungsteam die Lieder aussucht, die dann in der Feier gesungen werden. Bei diesem Prozess werden auch theologische Aspekte in der Vorbereitung angesprochen und geklärt.

Auch bei den in dieser Veröffentlichung empfohlenen Liedern war der Entscheidungsprozess im Vorbereitungsteam wichtig und wesentlich.

5. Praxisbeispiele multireligiöser Feiern

Die Praxisbeispiele sind alle im Raum Stuttgart geplant, erprobt und reflektiert worden. Wir geben an dieser Stelle eine kleine Auswahl in folgenden Schritten wieder:

Hinführung / Reflexion – Ablauf – Liedquellen – Material

5.1 Dankbarkeit

Leitend war, dass keine religiöse Präsentation stattfindet, bei der die einen etwas vorführen und die anderen zuschauen. Vielmehr sollten möglichst viele bei der Feier aktiv beteiligt sein, dadurch ein Erlebnis der Gemeinschaft sich einstellen. Alle Lieder wurden vorher im RU gemeinsam eingeübt. Sie sorgen für den „Fluss" der Feier, da während des Singens der nächste Inhalt der Feier schon vorbereitet werden kann. Ausdruck des Anliegens einer gemeinschaftlichen Feier war auch die Sitzordnung: In der Mitte der Turnhalle waren Podeste aufgebaut, kreisförmig versammelte sich um sie die Schulgemeinde.

Dankbarkeit gehört elementar zu einem gelungenen Leben ebenso wie zur jüdischen, christlichen, muslimischen Religion. Im inhaltlichen Zentrum der Feier steht die Geschichte von der weisen Frau, deren Dankbarkeit sich mit Bohnen verbindet. Mit einer pantomimischen Darstellung und einem „Mitgibsel" im Sinn eines Give-Away (Bohnen) erfolgt der Übertrag in die Lebenswelt der Schüler*innen. Eine wichtige Funktion haben das „Vater unser" und die Sure 1. Dass die muslimische Lehrperson in das „Vater unser" und die christliche in die „Sure 1" (Al Fatiha = die Eröffnende) einführt, soll ein Zeichen des Respekts und der Wertschätzung der anderen Religion gegenüber sein. Bei dieser Feier war keine jüdische Vertreter*in beteiligt. Ein mögliches Bekenntnis des Judentums, welches der Sure 1 und dem „Vater unser" entsprechen könnte, wäre das Schma Israel („Höre, Israel") aus 5. Mose 6,4ff.

Zeit	Aktion	Akteur*in	Material
3'	Vorspiel: Improvisation über die Lieder, die bei der Feier gesungen werden	Kirchenmusiker*in	Keyboard

4‘	Begrüßung: „As-salamu’alaikum“. Heute ist ein ganz besonderer Tag. Gemeinsam feiern zum ersten Mal Muslim*innen und Christ*innen den Schuljahresabschluss. Ganz herzlich möchte ich die Schülerinnen und Schüler der katholischen und evangelischen Religionsklassen begrüßen und willkommen heißen.“	Muslimische Lehrperson	
	„Im Namen Gottes des Vaters und des Sohnes und des Heiligen Geistes. Amen. Ganz besonders möchte ich heute die muslimischen Kinder begrüßen. Sie waren bisher bei unseren Christlichen Gottesdiensten als Gäste dabei. Heute feiern wir gemeinsam. Alle Religionsklassen beteiligen sich. Für dieses Miteinander bin ich richtig dankbar. Dankbarkeit wird auch das Thema unserer Feier sein.“	Katholische Lehrperson	
	„Friede sei mit euch. Wir feiern heute zum ersten Mal den Abschluss des Schuljahres in einer Turnhalle. Das zeigt: Gott ist an keinen Ort gebunden. In seinem Wort ist er gegenwärtig, ganz egal, wo wir uns befinden.“	Evangelische Lehrperson	
2‘	Lied: Ich sag dir guten Morgen (mit Bewegungen)	Kirchenmusiker*in	Keyboard
3‘	Einführung in das Gebet der Sure 1 des Koran:	Evangelische Lehrperson	

	„Die Schüler*innen des Islamischen RU sprechen nun ihr wichtigstes Gebet, die Sure 1 des Koran. Wir hören genau hin, werden Vertrautes hören, aber auch Neues entdecken."		
	Sure 1 wird auswendig zunächst arabisch, dann deutsch rezitiert.	Muslimische Schüler*innen und Lehrer*innen	
4'	Vorlesen der Geschichte von der Dankbarkeit (Anlage 1)	Schüler*in	
1'	Überleitung zur Lebenswelt der Kinder: „Es war einmal ein Kind, so wie du und ich, schaut mal her, worüber es sich gefreut hat."	Katholische Lehrperson	
4'	Pantomime Pantomimisch stellen Kinder verlangsamt („Zeitlupe") Szenen der Dankbarkeit dar. Das pantomimische Spiel wird angehalten („eingefroren"). Nach einer kurzen Pause wird die Szene entschlüsselt: „Ich bin dankbar, dass wir so schön miteinander spielen." – „Ich bin dankbar, dass das Kind dem verletzten Vogel geholfen hat." usw.	Schüler*innen spielen und sprechen	
2'	Lied: Er hält die ganze Welt (mit Bewegungen)	Kirchenmusiker*in	Keyboard

4‘	Gebet zum Thema Dankbarkeit anlässlich des Schuljahresendes Schüler*innen aller Religionslehrkräfte		
2‘	Einführung in das Gebet „Vater unser“: „Ein Gebet, das für Christ*innen genauso bedeutsam und wertvoll ist wie die Sure 1, ist das „Vater unser“, das die Kinder des christlichen Religionsunterrichtes jetzt beten. Wir hören genau hin, entdecken Vertrautes, aber auch vielleicht Neues.“	Muslimische Lehrperson	
	Alle christlichen Schüler*innen und Lehrer*innen sprechen das „Vater unser“.	Christliche Schüler*innen und Lehrer*innen	
3‘	Lied: Alle Knospen springen auf (mit Bewegungen)	Kirchenmusiker*in	Keyboard
3‘	„Mitgibsel“-Erinnerung an die Dankbarkeit: „Klassenweise bekommt ihr nun Tüten mit Bohnen geschenkt, die ihr bitte nachher verteilt. Sie sind eine Hilfe: Es wird in den Ferienwochen auch immer wieder Grund zur Dankbarkeit geben. Erinnert euch an die weise Frau: Wie sie könnt ihr auch eine Bohne von der einen Seite der Hose in die andere stecken, wenn ihr Grund zur Dankbarkeit habt.“	Evangelische Lehrperson	Tüten mit Bohnen

4‘	Mutmach-Vers als „Call and Response“: „Gib uns Ohren, die hören und Augen, die sehen, und ein weites Herz andere zu verstehen. Gott gib uns Mut, unsere Wege zu gehen.“	Katholische Lehrperson spricht vor, Schüler*innen wiederholen	
1‘	Verabschiedung und Bekanntgabe der Spende für das Ferienwaldheim, in dem Kinder, unabhängig von ihrer Religion, schöne Tage in den Ferien verbringen werden.	Muslimische Lehrperson	
10‘	Schüler*innen gehen klassenweise aus der Turnhalle. Schüler*innen stehen am Ausgang mit einem Korb, in den die Spende gesammelt wird.		

Sure 1 auf Deutsch und Arabisch:

(Didaktische Reduzierung der Al-Fatiha)

1. Im Namen Allahs, der lieb ist und vergibt.
   بِسْمِ اللهِ الرَّحْمَنِ الرَّحِيمِ
2. Wir danken Dir Gott, dem Herrn der Welten.
   الْحَمْدُ للهِ رَبِّ الْعَالَمِينَ
3. Du bist gütig und Du vergibst
   لرَّحْمنِ الرَّحِيمِ
4. Nur Gott entscheidet über Gut und Böse.
   مَلِكِ يَوْمِ الدِّينِ
5. Wir beten nur zu Dir und bitten Dich um Hilfe.
   إِيَّاكَ نَعْبُدُ وإِيَّاكَ نَسْتَعِينَ
6. Führe uns auf dem Weg der guten Taten.
   اهدِنَا الصِّرَاطَ المُستَقِيمَ
7. Du hast uns so viel Gutes gegeben. Wir möchten Dich nicht enttäuschen. Deshalb hilf uns, Gutes zu tun.
   صِرَاطَ الَّذِينَ أَنعَمتَ عَلَيهِمْ
   غَيرِ المَغضُوبِ عَلَيهِمْ وَلاَ الضَّالِّينَ

Geschichte von der Dankbarkeit und den Bohnen

Zu einer weisen alten Frau, die zufrieden in ihrer kleinen Hütte lebte, kamen die Kinder des Dorfes. Eine ganze Weile standen sie etwas schüchtern am Gartenzaun. Die Frau, die sie natürlich wegen ihres aufgeregten Wisperns längst wahrgenommen hatte, wartete geduldig. Dann traute sich ein kleines, keckes Mädchen mit Sommersprossen und kurzen, dunklen Zöpfen. Sie öffnete vorsichtig das Gartentor, schritt zwischen Blumen- und Gemüsebeeten lang und stand schließlich vor der alten Frau, hinter sich die anderen Kinder. Lächelnd sah die Frau in die Gesichter der Kinder. Sie wartete. Wieder ist es die Kleine mit den Zöpfen, die sich traute: „Die Leute im Dorf sagen, Du bist reich. Warum lebst Du dann in einer kleinen Hütte und nicht in einem großen Schloss?" „Sagen die Leute das?" Die Frau sieht die Kleine nachdenklich an. „Nun, sie meinen nicht, dass ich viel Geld habe. Ich habe viel Freude am Leben. Das macht die Dankbarkeit." Nun schauen sie viele Kinderaugen fragend an. „Wollt ihr mein Geheimnis wissen?" Kinder wollen immer gerne Geheimnisse erfahren! Die Frau greift in ihre linke Schürzentasche und holt eine Handvoll Bohnen heraus. „Das ist das Geheimnis meines Glücks und mein Reichtum. Jeden Morgen, wenn ich aufstehe, stecke ich eine Handvoll Bohnen in meine linke Schürzentasche. Und jedes Mal, wenn mir etwas gut gefällt und mein Herz berührt, nehme ich eine der Bohnen und lege sie in meine rechte Schürzentasche. Wenn mir zum Beispiel meine Zinnien hier im Garten so prächtig blühen, wenn ein Vogel singt und die Kartoffeln wachsen, wenn ein Mensch mich freundlich grüßt und die Sonne meine Haut wärmt. Und wenn ich dann abends an meinem warmen Ofen sitze, nehme ich all die Bohnen dieses Tages aus meiner rechten Schürzentasche, erinnere mich daran, was ich Gutes an diesem Tag erlebt habe und sage dem Herrgott 'Danke!' für die guten und schönen Augenblicke des Tages. Die Dankbarkeit macht mich reich!"

Still staunend schauen die Kinder die alte Frau an. Sie steht auf, holt einige Hände voll Bohnen aus ihrem Vorratsraum und schenkt sie den Kindern. Als sie strahlend von dannen ziehen, nimmt die alte Frau eine Bohne aus ihrer linken Schürzentasche und legt sie in die rechte.

(Vielfach überliefert, Verfasser*in unbekannt)

Lieder aus „Kommt und singt" (Liederbuch für die Jugend):

- 580 Ich sag dir guten Morgen
- 610 Er hält die ganze Welt

- 36 Alle Knospen springen auf
- 496 Gib uns Ohren

5.2 „Ich bin einzigartig“

Um für seinen Nächsten Liebe und Wertschätzung empfinden zu können, ist es essenziell, sich selbst zu lieben und wertzuschätzen. Der Fokus dieser multireligiösen Einschulungsfeier liegt auf dem Aspekt der Erkenntnis, dass die eigene Person und alle Mitmenschen einzigartig, verschieden und besonders sind. Im Mittelpunkt steht Gott als Schöpfer, der jeden Menschen einzigartig erschaffen hat.

Zeit	Aktion	Akteur*in	Material
1‘	Beginn: Klangschale	Lehrperson	Instrument
2’	Begrüßung durch die drei religiösen Vertreter*innen: Islamisch.: „Möge der Friede auf Euch sein.“ Jüdisch: „Der Friede Gottes sei mit uns allen.“ Christlich: „Wir beginnen diese Feier im Namen Gottes, der ganz nah bei uns ist.“	Jüdische*r, christliche*r, muslimische*r Vertreter*in	Mikrofon

6’	Begrüßung durch die Schulleitung: „Liebe Kinder, liebe Eltern und Verwandte, heute ist ein ganz besonderer Tag. Ihr Kinder kommt in die Schule, die Zeit im Kindergarten ist vorbei. Hier in unserer Schule treffen sich viele verschiedene Menschen. Viele der Menschen glauben an Gott. In dieser Feier bitten wir um die Begleitung und den Schutz durch den einen Gott, an den Christen, Muslime und Juden glauben, für Euch Kinder im neuen Lebensabschnitt. Da es unterschiedliche Religionen sind, die eine gemeinsame Wurzel haben, können wir dies sehr gut gemeinsam tun und trotzdem akzeptieren, dass wir unterschiedlich sind. Darüber freuen wir uns. Ich wünsche uns allen eine schöne Feier, die den Frieden und die Gemeinschaft in unserer Schule stärkt. Herzlich willkommen in unserer Gemeinschaft: Wir singen gemeinsam das erste Lied „Einfach spitze, dass du da bist“ auf dem Liedblatt begleitet auf der Gitarre. Dazu können wir gerne aufstehen.“	Schulleitung	Mikrofon Instrument
2’	Einleitende Worte: „Wenn ich mich selbst sehen und betrachten möchte, brauche ich einen Gegenstand. Zum Glück gibt es hier einen Spiegel. Jetzt möchte ich mich ganz genau im Spiegel betrachten. Aber jetzt werde nicht nur ich mich im Spiegel betrachten, sondern wir alle gemeinsam. Deswegen erhältst du jetzt eine Spiegelkarte.“	Lehrperson Schüler*innen (verteilen Spiegelkarten an alle anwesenden Kinder)	Großer Spiegel Spiegelkarte

10’	Ansage und Anleitung einer Meditation: 1. Sich selbst ansehen „Du hast nun einen kleinen Spiegel in deiner Hand. Halte diesen Spiegel vor dein Gesicht. Du kannst dich jetzt darin sehen. Betrachte zuerst deine Augen. Nicht alle Augen sehen gleich aus. Viele von euch haben unterschiedliche Augenfarben und -formen. Schau dir nun deine Nase an. Auch sie ist einzigartig. Nur du hast diese Nase. Wandere mit deinen Augen im Spiegel weiter nach unten und du siehst deinen Mund. Sieh ihn dir genau an. Welche Form hat er? Wie sehen deine Lippen aus? Jeder sieht etwas anderes, denn wir sind alle verschieden. Schau jetzt deine Haare an. Welche Farbe haben sie? Blond, braun, schwarz? Oder eine Mischung? Als Letztes betrachtest du nun dein ganzes Gesicht im Spiegel mit allem, was dazu gehört. Deine Augen, deine Nase und deinen Mund, deine Wangen und deine Haare.“ 2. Zwei Kinder sehen sich gegenseitig an „In einem Spiegel kannst du nicht nur dich sehen, sondern auch andere Kinder. Halte deinen Spiegel vor das Gesicht deines Nebensitzers. Schau dir seine oder ihre Augen ganz genau an. Wahrscheinlich siehst du eine andere Augenfarbe als bei dir. Du siehst nun seine oder ihre Nase im Spiegel. Wie sieht sie aus? Ist sie groß oder klein? Du gehst im	 Lehrperson	

	Spiegel ein Stück weiter nach unten und siehst den Mund des anderen Kindes. Wie sieht dieser Mund aus? Welche Farbe haben seine Lippen? Anschließend betrachtest du nun die Haare im Spiegel. Hat das Kind die gleiche Haarfarbe wie du oder eine ganz andere? Schau dir als Nächstes das ganze Gesicht deines Gegenübers an. Du erkennst, dass er oder sie ganz anders aussieht als du. Du merkst, dass jeder Mensch besonders ist."		
1'	Überleitung: „In den Schriften der Religionen finden wir Stellen, die beschreiben, wie einzigartig Gott jeden Menschen erschaffen hat."	Lehrperson	

7'	Zusprüche/Hoffnungsworte aus den Schriften: Die Stellen stehen auch auf der Rückseite der Spiegelkarte, die die Schüler*innen erhalten haben. Beispiel: Islam: „Gott hat jeden Menschen schön erschaffen.“ (Sura Tin, Vers 4) Der Prophet sagte: „Du bist erst gläubig, wenn du für andere das wünschst, was du für dich selbst wünschst.“ (Überliefert von Bukhari und Muslim) Christentum: „Ob ich gehe oder ruhe, es ist dir bekannt. Du Gott, legst deine Hand auf mich. Ich danke dir, dass du mich so wunderbar gestaltet hast.“ (nach Psalm 139) Judentum: „We Ahafta Lirecha Kamocha“ - „Liebe deinen Nächsten, denn er ist wie du.“	Jüdische*r, christliche*r, muslimische*r Vertreter*in	

7’	Gebete im Kreis mit den Schüler*innen, die eingeschult werden und den religiösen Vertreter*innen Ansage: „Wir wollen nun einen Kreis der Kinder bilden und um den Segen Gottes bitten.“ Beispiel: Judentum: שִׂים שָׁלוֹם טוֹבָה וּבְרָכָה, חֵן וָחֶסֶד וְרַחֲמִים עָלֵי בָּרְכֵנוּ אָבִינוּ כֻּלָּנוּ כְּאֶחָד בְּאוֹר פָּנֶיךָ, כִּי בְאוֹר פָּנֶיךָ נָתַתָּ לָּנוּ ה' אֱלֹהֵינוּ תּוֹרַת חַיִּים וְאַהֲבַת חֶסֶד וּצְדָקָה וּבְרָכָה וְרַחֲמִים וְחַיִּים וְשָׁלוֹם וְטוֹב בְּעֵינֶיךָ לְבָרֵךְ עָלֵינוּ בְּכָל עֵת וּבְכָל שָׁעָה בִּשְׁלוֹמֶךָ ה אַתָּה בָּרוּךְ' בַּשָּׁלוֹם עָלֵינוּ הַמְבָרֵךְ „Gib Frieden, Güte und Segen, Gunst, Liebe uns allen. Segne uns, unser Vater, uns alle als eins mit dem Licht deines Angesichts; Denn im Lichte deines Angesichts gabst du uns, Ewiger, unser G‘tt, die Lehre des Lebens und die Liebe zum Wohltun und Milde, Segen, Barmherzigkeit, Leben und Frieden. Und gut sei es in Deinen Augen. Gelobt seist Du, Ewiger, der uns mit Frieden segnet.“ - „Sim Shalom Tova Uwracha, Chen wa chessed we Rachamim Alenu. Barchenu Awinu Kulanu Ke Échad Beor Panecha, Ki Weor Panecha Natata Lanu Adoschem Elokenu Torat Chajim We Ahawat Chessed Utzdaka Uwracha Werachamim	Jüdische, christliche, muslimische Vertreter*innen	

	Wechajim Weschalom Wetov BeyEynecha Lewarech Alenu Bechol Et Uwchol Scha á Bischlomecha. Baruch Ata Adoschem Hamwarech Alenu Baschalom“ Islam: „Möge Gott dich stets beschützen und dir Mut geben, niemals aufzugeben. Möge Allah dich trösten und dir Engel senden, wenn du Hilfe brauchst und traurig bist. Möge der liebevolle Gott dir Freunde ermöglichen, die dich liebhaben und immer für dich da sind. Möge der Herr dir eine schöne Schulzeit ermöglichen, mit viel Freude, Spaß am Lernen und tollen und unvergesslichen Erlebnissen.“ Christentum: „Gott, der Herr, sei vor dir, um dir den richtigen Weg zu zeigen. Er sei neben dir, um dich in die Arme zu schließen und dich zu schützen. Der Herr stehe hinter dir, damit Du Freunde findest. Er sei unter dir, um dich aufzufangen, wenn du hinfällst und dir Mut zu geben, wenn Du Dich anstrengen musst. Der Herr sei in dir, um dich zu trösten, wenn du traurig bist. Er sei über dir, um dich jeden Augenblick mit seiner Nähe zu erfreuen, wenn Du lachst und Freude hier bei uns in der Schule hast. So segne dich der gütige Gott. Amen“		
2’	Verabschiedung und Hinweis auf Spiegelkarten	Schulleitung	

5.3 David – Mut und Angst

Mit den Themen Mut und Angst steht eine existenzielle, menschheitsweite Erfahrung im Fokus dieser multireligiösen Feier. Über diese geteilte Erfahrung wird der Zugang zu dieser Feier ermöglicht.

Mit der Erzählung von David und Goliath wurde eine Geschichte gewählt, die sowohl im Ersten (Alten) Testament, als auch im Koran Erwähnung findet und die somit von jüdischer, christlicher und muslimischer Seite gleichsam mitgetragen werden kann. Für die Entstehung des Theaterstückes wurden beide Texte herangezogen, wobei sich die ausführlichere Version in der biblischen Überlieferung findet. Laut einem Hadith (Bukhari Nr. 3461) dürfen Muslime Informationen aus biblischen Quellen annehmen. Deshalb gehen wir hier von der detailreicheren Überlieferung aus, da es auch keine Widersprüche zur kürzeren Version im Koran gibt.

Der Übertrag in die Lebenswelt der Schüler*innen erfolgt durch von Einzelnen vorbereitete und kreativ dargestellte kontemporäre Angstauslöser und Bewältigungsstrategien.

Zeit	Aktion	Akteur*in	Material
3‘	Musikalischer Beginn: Wenn einer sagt, ich mag dich (Kindermutmachlied)	Musik-Team	Technik, Instrumente
2’	Begrüßung	Schulleitung	
3’	Einleitende Worte: „Angst ist ein Gefühl, das alle Menschen kennen. Egal woran sie glauben oder wo sie leben. Aber auch Mut ist etwas, was Menschen überall auf der Welt beweisen. Für Juden, Christen und Muslime ist eine Geschichte wichtig, in der wir etwas über Angst und Mut	Lehrperson	

	lernen können und die wir jetzt als Theaterstück sehen."		
12'	David und Goliath als Theaterstück	Schüler*innen z.B. einer AG	(siehe Anhang)
2'	Transfer: So wie David in der Geschichte, haben auch wir heute manchmal Angst. Ein paar von euch Kindern zeigen uns jetzt Dinge, die Angst machen.	Lehrperson	
15'	Szenisch oder musikalisch, tänzerisch dargestellte Angstsituationen (gemischt mit nur gesprochenen) werden von den Schüler*innen präsentiert. Ihre Überschriften werden auf Moderationskarten an ein Goliath-Plakat (aus dem Theaterstück) gepinnt. (Beispiele: Dunkelheit, Spinne, Feuer, Alleinsein, Gewitter, Krankheit/Tod) Überleitung: „Viele Kinder wissen aber auch Dinge, die gegen Angst helfen. Sie präsentieren euch, was man tun kann, wenn man Angst hat." Bewältigungsstrategien werden von den Schüler*innen erläutert und an den großen Stein aus dem Theaterstück gepinnt.	Schüler*innen (z.B. eine Situation pro Religionsgruppe oder Klasse) Lehrperson Schüler*innen	Riese Goliath, Moderationskarten zum Anpinnen, Pinnwand, Nadeln großer Stein aus Pappmaschee, kleine „Steine" aus grauem Papier zum

	(Beispiele: beten, darüber reden, Nähe von Freunden, Umarmung der Eltern, Hand halten, Teddybär, Licht, Wegrennen) Je nach Setting: Öffnen für weitere spontane Vorschläge anderer Schüler*innen. Überleitung: „Auch Worte machen uns Mut. In den Schriften der Religionen finden wir solche Worte."	Lehrperson Lehrperson	Anpinnen, Nadeln
5'	Zusprüche/Hoffnungsworte: Den Schüler*innen wird eine Koransure, eine Tora- und eine NT-Stelle zugesprochen Sie stehen auch auf dem Lesezeichen, das die Schüler*innen am Ausgang bekommen. z.B.: Jes 41,10, 1.Tim 1,7, Sure 13,28	Jüdische*r, christliche*r, muslimische*r Vertreter*in	
7'	Gebete der Schüler*innen (Beispiele): Mia: Lieber Gott, wir beten für die Menschen, die Angst haben vor Terror und ihr zuhause verlassen mussten. Schenk du Frieden auf der Welt. Und den Flüchtlingen, dass sie ein gutes Zuhause finden und keine Angst mehr haben müssen.	Jüdische Schüler*innen, christliche Schüler*innen, muslimische Schüler*innen evtl. gemeinsam mit Vertreter*innen	

	Benjamin: Auch manche Viertklässler haben Angst vor ihrer neuen Schule. Hilf ihnen, dass sie Mut haben, mit anderen zu reden, und schnell Freunde finden und sich gut mit ihren neuen Lehrern verstehen.		
4'	Lied: Jeder knüpft am eignen Netz	Musikteam	
2'	Verabschiedung und Hinweis auf Lesezeichen	Schulleitung	Lesezeichen in Körben an den Ausgängen

Hinweis zu den Liedern: (Die Lieder sind in vielen Liederbüchern auffindbar)

- Wenn einer sagt, ich mag dich (Kindermutmachlied)

- Jeder knüpft am eignen Netz (Tipp: Statt einem der Shalom-Texte kann ein Salam eingeführt werden, um auch ein arabisches Element zu haben)

David und Goliath – Ein Theaterstück für multireligiöse Schulfeiern

Rollen:

Erzähler*in

David

Vater

Saul

Schwester 1

Schwester

Bruder 1

Bruder 2

Material:

Korb, Steinschleuder, großer Stein aus Pappmaschee, kleine „Steine" aus Styropor und Rüstung Sauls (z.B. aus großem Karton gebastelt)

Die fett gedruckten Passagen können genutzt werden, um die zusehenden Kinder zu einem Teil des Stückes werden zu lassen. Sie können diese Aufgabe bzw. Aktivität übernehmen.

*Erzähler*in:* Das ist David. Er lebt mit seinem Vater und seinen Brüdern im Land Israel. Israel ist im Krieg gegen die Philister. Davids Brüder müssen zur Armee. Aber David ist noch zu jung. Er bleibt bei seinem Vater zuhause und hütet die Schafe. Aber auch Schafe hüten, kann in Israel gefährlich sein. Manchmal muss er gegen Löwen oder Bären kämpfen, die seine Herde bedrohen.

Eines Tages ruft der Vater David zu sich.

Vater: David, hier ist etwas zu Essen für deine Brüder. *Vater gibt David einen Korb.* Sie sind mit König Saul zum Eichgrund gegangen. Bitte schau, wie es ihnen geht!

David: Mach' ich.

Vater: Und nimm deine Steinschleuder mit - damit dir nichts passiert, auf dem Weg.

David nimmt seine Schleuder und macht sich auf den Weg

*Erzähler*in*: David macht sich also auf den Weg zum Lager der Israeliten. Dort herrscht große Aufregung. Aus dem Heer der Philister tritt ein riesig großer Krieger hervor. Den Israeliten schlottern die Knie.

Bruder 1: Das ist Goliath!

Schwester 1: Der große Krieger der Philister! Er ist so riesig! Niemand wird sich trauen, gegen ihn zu kämpfen!

Schwester 2: Also, ich mache das sicher nicht - ich bin ja nicht lebensmüde!

Bruder 2: Ich auch nicht!

*Erzähler*in*: Und Goliath ruft den Reihen der Israeliten zu: „Wer traut sich, gegen mich zu kämpfen? Ich sage euch, wir müssen keinen Krieg führen. Schickt einen von euch, der gegen mich kämpft. Wenn er gewinnt, geben wir Philister uns geschlagen und wollen eure Diener sein. Aber wenn ich gewinne, dann ist es, als hättet ihr alle verloren! Dann müssen alle Israeliten die Diener der Philister werden. Ich wette, dass sich das keiner von euch traut!

Und das ganze Heer der Philister stimmte ein Kriegsgeschrei an. Sie stampften mit den Füßen und sie rasselten mit ihren Waffen und riefen laut.

David: Das kann doch nicht sein! Dass sich dieser Philister über unser Volk lustig macht! Und dass sich niemand von uns traut! Ja, ich habe auch Angst vor ihm. - Er sieht wirklich gefährlich aus. Aber - wir haben doch Gott, der versprochen hat, an unserer Seite zu sein! Ja, ich glaube, mit Gottes Hilfe kann sogar ich diesen Goliath besiegen!

David zu Schwester 1: Wo ist der König? Ich muss mit ihm sprechen!

Schwester 1: Dort hinten. Aber was willst du denn von ihm?

*Erzähler*in*: David kommt zum König Saul. Dieser ist sehr verzweifelt, weil keiner seiner Männer sich traut, gegen den Riesen Goliath zu kämpfen. Und so schlägt David ihm vor, dass er gegen den starken Goliath kämpfen könnte.

Saul: Bist du sicher? Du bist doch eigentlich noch viel zu jung um überhaupt zu kämpfen!

David: Mein König, du kennst mich nicht - aber ich habe die Schafe meines Vaters gehütet und gegen Löwen und Bären gekämpft, um sie zu beschützen. Ich glaube, dass ich mit Gottes Hilfe den Philister besiegen kann.

Saul: Keiner von meinen Männern hat den Mut, den du aufbringst. Möge Gott mit dir sein. Ich gebe dir meine Rüstung - du hast sicher keine eigene. Du solltest so gut geschützt sein wie möglich!

Brüder 1 und 2 bringen David die Rüstung von Saul. Sie ist David viel zu groß. David versucht, mit der Rüstung zu laufen und Sauls Schwert zu schwingen. Aber er schafft es nicht. Die Brüder lachen ihn aus.

Erzählerin: Davids Geschwister und alle anderen Soldaten sagen David, er soll lieber wieder nach Hause gehen. Keiner glaubt, dass er das schaffen kann. Und auch David selbst bekommt jetzt Angst.

David (zu sich selbst): Oh Mann - das ist schwerer als ich es mir vorgestellt habe.

Schwester 2: Haha, schaut mal, dem schlottern ja die Knie!

David zieht die Rüstung wieder aus.

David (betet und kniet sich dazu hin): Oh Gott, ich fürchte mich! Es klappt nicht so, wie ich es mir vorgestellt habe. Aber ich will dir vertrauen und mutig sein! Bitte hilf mir! Danke, dass du mich nicht allein lässt.

David sucht Steine und nimmt seine Schleuder

David: Ich habe genauso Löwen und Bären besiegt, ich schaffe es auch nur mit meiner Schleuder und Gott an meiner Seite gegen den Riesen.

David geht auf den Riesen zu (aus dem Bild, nicht sichtbar). Die anderen deuten in seine Richtung.

Schwester 1: Oh man, der Kleine ist echt ganz schön mutig.

Schwester 2: Mutig - dumm ist das, der hat doch keine Chance!

Bruder 1: Hoffentlich geht das gut.

*Erzähler*in:* Alle Israeliten halten jetzt den Atem an. Je näher er Goliath kommt, desto kleiner sieht David aus. Da, jetzt legt David einen Stein in seine Schleuder. Er holt mit seiner Schleuder aus, bevor Goliath nahe genug ist, um ihn mit dem Schwert zu treffen. Und tatsächlich: Sein erster Kieselstein trifft den Riesen genau zwischen die Augen - und er klappt zusammen. David hat es geschafft! Er hat den Riesen Goliath besiegt!

Schaut mal - er kann es selber noch kaum glauben! Aber jetzt rennen seine Brüder auf ihn zu und freuen sich mit ihm!

Das ganze Heer der Israeliten jubelt und freut sich! Sie klatschen und jubeln David zu.

5.4 Menschen auf der Flucht (Mose)

Der ursprüngliche Impuls für diese multireligiöse Feier zum Schuljahresabschluss ging von der kommunalen Gemeinde aus. Sie informierte über die Eröffnung eines Flüchtlingsheimes in der Nähe der Schule. Das Lehrerkollegium beriet, was notwendig ist, wenn geflüchtete Familien im Stadtteil ankommen. Die multireligiöse Feier war somit eingebunden in das Willkommenskonzept der Schule.

Eine muslimische Mutter und ein jüdischer Vater haben sich im Vorfeld und bei der Durchführung eingebracht. Bei der Liedauswahl wurde darauf geachtet, dass alle mitsingen konnten. Als neutralen Ort wählte die Vorbereitungsgruppe die Turnhalle.

Zeit	Aktion	Akteur*in	Material
3‘	Instrumentales Vorspiel des Liedes „Wo Menschen sich vergessen“	Schulband	Technik, Instrumente
2‘	Begrüßung „Wir werden heute Menschen kennen lernen, die auf der Flucht waren.“	Schulleitung	
3’	Lied: „Shalom chaverim“	Schulband	
10’	Einstieg: Bilder zu drei Fluchtgeschichten werden an Stellwände aufgehängt. Kurzer Hinweis auf die Personen auf den drei Bildern: „Auf allen Bildern flüchten Menschen. Wir werden sie nachher kennen lernen. Auch in der Bibel gibt es Geschichten von Menschen, die ihr Land verlassen. Zum Beispiel flieht Mose aus Ägypten. Er verlässt sein Land, in dem er aufgewachsen ist.“	Lehrperson	

2‘	Kurze Erzählung aus dem Alten Testament: Christliche Lehrperson erzählt in Absprache mit der muslimischen und jüdischen Vertreter*in die Geschichte aus 1. Mose 2, 1-2.	Christliche Lehrperson	
10‘	Überleitung: „Nicht nur Mose flüchtet nach der Überlieferung der drei Religionen Judentum, Christentum und Islam, sondern zu allen Zeiten mussten Menschen flüchten.“	Jüdische Vertreter*in	
5‘	Aktion 1: Die drei persönlichen Fluchtgeschichten stehen in dieser Phase im Zentrum. Die Personen mit ihren Erfahrungen werden nacheinander vorgestellt und interviewt. Schüler*in als Moderator*in erzählt kurz die Fluchtgeschichte und stellt folgende Fragen: - Warum sind Sie geflüchtet? - Was haben Sie mitgenommen? - Wohin sind Sie geflüchtet und wie wurden Sie dort aufgenommen? - Welche Gefahren haben Sie auf dem Weg erlebt? - Wie haben Sie sich unterwegs gefühlt? Folgende Geflüchtete wurden bei der multireligiösen Feier interviewt: - Mutter der Schulleiterin floh im zweiten Weltkrieg	Drei Schüler*innen fragen drei Geflüchtete.	

	- Lehrerin berichtet von ihrer Flucht aus der damaligen DDR - Syrischer Junge erzählt von seiner Flucht aus Syrien nach Deutschland		
2‘	Lied: „Geh mit uns auf unserem Weg“; dieses Lied wird zwischen den einzelnen Fluchtgeschichten gesungen	Schulband	
5‘	Aktion 2: Die interviewten Personen setzen sich zusammen mit den Moderator*innen in einen mit den drei Stellwänden konstruierten „Raum“. Die Größe des Raumes entspricht in etwa einem Zimmer, in der eine sechsköpfige Flüchtlingsfamilie im Flüchtlingsheim untergebracht wird. Das sind heute ca. 40 qm. Sie setzen sich an einen Tisch, der in der Mitte des Raumes steht.	Geflüchtete und Moderator*innen	Tisch und genügend Stühle; drei Stellwände
7‘	Impuls: „So groß ist der Raum für eine Familie mit sechs Personen. Ihr seht die Enge des Raumes. Das Zusammenleben ist schwierig in diesem kleinen Raum. Alle müssen Rücksicht aufeinander nehmen. In der Nähe unserer Schule ist auch ein Flüchtlingsheim. Die Nachbarn in den anderen Zimmern des Flüchtlingsheimes kommen aus unterschiedlichen Ländern. Alles ist neu und fremd.	Muslimische Vertreter*in	

	Ich könnte mir vorstellen, dass die Kinder dort auch Lust haben, mit euch zu spielen. Diesen geflüchteten Kindern geht es gut, wenn sie zum Spielen eingeladen werden, wenn sich jemand Zeit für sie nimmt, wenn sie freundlich aufgenommen werden. Für Mose war es sehr hilfreich, dass sich jemand in der Fremde um ihn gekümmert hat. Machen wir es doch genauso."		
2'	Fürbitten: „Auch hier sind Flüchtlinge angekommen. Sie haben eine neue Heimat gefunden. Für sie bitten wir nun gemeinsam:" Schüler*innen lesen Bitten vor, die andere Schüler*innen im Unterricht formuliert haben	Lehrperson und Schüler*innen	
	Lied: „Wo Menschen sich vergessen"	Schulband	

Hinweis zu den Liedern:

- „Shalom chaverim": Das bekannte hebräische Lied findet sich in vielen Liederbüchern. Es sollte auf Hebräisch und auf Deutsch gesungen werden.

- „Geh mit uns auf unserem Weg": Das Lied besteht aus vier Takten. Der Text ist von Norbert Weidinger und Jutta Richter. Die Melodie hat Ludger Edelkötter komponiert. Die vier Takte sind im Internet auffindbar.

- „Wo Menschen sich vergessen": Das Lied ist fast in jedes evangelische Gesangbuch aufgenommen worden.

6. Ein Gott, viele Religionen: Was ist Wahrheit?

Ganz am Ende soll es um grundsätzliche Fragen gehen. Es gibt einen Gott, aber viele verschiedene Wege zu ihm. Eine jede Religion behauptet, sie sei die wahre. Macht ein Gespräch der Religionen da überhaupt Sinn? In welchem Verhältnis stehen diese zueinander?

Ein Märchen soll uns bei der Beantwortung ein wenig weiterhelfen.

Der Elefant

Ein indischer Fürst rief einmal alle Blindgeborenen des Landes zusammen, um ihnen einen Elefanten zu zeigen. Da versammelten sich nun die Menschen, die noch nie in ihrem Leben etwas haben sehen können und betasteten das große Tier. Ein jeder gerade dort, wo er stand.

Dann ging der Fürst zu den Blinden hin und fragte sie: „Habt ihr erkannt, was ein Elefant ist? „Ja", erwiderten alle. Und als er weiter fragte: „Wie ist denn ein Elefant?" sagte einer, der das Ohr betastet hatte: „Der Elefant ist wie eine große Schaufel". „Nein, der Elefant ist wie eine Schlange" meinte ein anderer, der den Rüssel in der Hand hielt. „Wie ein Baum ist der Elefant!" sagte der nächste, der mit beiden Händen ein Bein des Tieres umfasste. „Wie ein Besen ist er", sagte der, der das Schwanzende zwischen den Fingern hatte. Und sie gerieten in einen heftigen Streit über den Elefanten.

(Indisches Märchen, Barbara und Hans Haug: Blätter, die uns durch das Jahr begleiten; Beitrag zum 8. September; Kreuz Verlag: Stuttgart 1993)

Gestaltung durch Thomas Bickelhaupt

Gleichnishaft lässt sich dieses Märchen auch auf die Erkenntnis im Hinblick auf die Religion übertragen. Grundsätzlich lassen sich dabei drei Denkmodelle unterscheiden, das exklusivistische, inklusivistische und pluralistische.

Das exklusivistische Denkmodell geht davon aus, dass es ausschließlich („exklusiv“) nur eine wahre Religion gibt, nämlich meine Religion, die ich erfahren habe, die mich im Leben und im Sterben trägt. Mein Weg zu Gott ist der einzig richtige, alle anderen sind Irrwege. Die Elefantengeschichte könnte man in diesem Sinne deuten. Ein jeder ist felsenfest davon überzeugt, die Wahrheit in der Hand zu haben. Was braucht es mehr? Das Märchen erzählt auch von den Konsequenzen: Es gibt Streit. Denn das, was andere er- und begriffen haben, ist falsch, ist Irrglaube. Es gibt nämlich nur eine Wahrheit, sie ist unteilbar. Ich habe sie erfahren. Mein Ziel ist es von daher ganz natürlich, die anderen von meiner Wahrheit zu überzeugen. Ein Dialog auf gleicher Augenhöhe gibt es von daher nicht. Interreligiöses Lernen und Feiern ist ausgeschlossen.

Etwas positiver gegenüber anderen Glaubenserfahrungen gestimmt ist die inklusivistische Denkhaltung. Sie geht nämlich davon aus, dass auch außerhalb der eigenen Religion Menschen wahrhaftige Erfahrungen mit Gott machen. Das göttliche Heilshandeln übersteigt also die eigene Religion, auch andere haben an der Wahrheit Anteil. Die anderen Religionen sind aber nicht gleichwertig und gleichberechtigt. Vielmehr beinhalten sie Elemente, die wohl wahr sind, die letzte Erkenntnis fehlt ihnen aber.

Der Gipfel, die Vollendung ist meine Religion, mein Glaube. Interreligiöses Lernen und Feiern ist deshalb möglich, respektvoll ist der Umgang miteinander. Deutliche Grenzen, etwa beim gemeinsamen Gebet, sind aber zu achten.

Eine unserer Autor*innen hat das Elefantenmärchen im inklusivistischen Geiste folgendermaßen gedeutet:

Es ist in interreligiösen Zusammenhängen ein viel bemühtes Bild: Eine Gruppe Blinder steht um einen Elefanten und jede/r betastet ein anderes Körperteil. Was ein Elefant ist - diese Frage sollen sie beantworten. Diejenige, die den Rüssel befühlt, widerspricht dem Eindruck desjenigen, der, nachdem er ein Bein betastet hat, meint, ein Elefant gleiche einem Baum.

Dieses Bild hat einen entscheidenden Haken: Es setzt einen Sehenden voraus, der um die Existenz von Elefanten als Ganzen weiß. Diese Perspektive ist mir als Mensch verwehrt. Wie die Blinden angewiesen sind auf das, was sie vom Elefanten erfühlen können, so sind wir angewiesen auf das, was uns von Gott entgegenkommt, was er uns von sich zeigt, auf das, was unser Herz gewonnen und uns zu Glaubenden gemacht hat.

Die Stärke dieses viel bemühten Bildes liegt also meines Erachtens nicht darin, dass es den Elefanten als Lösung für die ontologische Frage nach dem einen Gott liefert - sondern darin, dass sie uns unsere Erkenntnissituation vor Augen malt: Wir sind die Blinden.

Und das Bild leistet noch mehr. Es macht verständlich: Der Blinde, der den Rüssel befühlt MUSS derjenigen, die den Elefanten am Rüssel befühlt, widersprechen. Um der Wahrheit willen, die über den Elefanten herausgefunden werden soll. Das, was sie da beschreibt, passt nicht einfach so mit dem zusammen, was er spürt und erkennt. Und woher auch soll er wissen, dass sie das eigentlich zu Ergründende betastet - und nicht in der Ecke des Raumes versehentlich die Vorhangkordel in der Hand hat? Ebenso muss die Blinde, die den Rüssel befühlt, dem Blinden am Bein widersprechen, weil sie nicht wissen kann, dass er nicht irgendwo anders tatsächlich an einem Baumstamm herumtastet, anstatt am Elefanten. Das ist die Situation, in der sich die Glaubenden befinden, die ihre Gotteserkenntnis beschreiben. Mag ihre Überzeugung auch noch so viel Universalität zum Inhalt haben: Wo sie lauter mit ihr umgehen, müssen sie eingestehen, dass sie das, was andere Beschreiben nur aus ihrem Glauben heraus, aus dem, was ihnen offenbart ist, verneinen können - und nicht aus der Metaperspektive des Sehenden. Für die eigene Spiritualität kann das eine Anfechtung sein. Oder eine Erdung. Ein Bewusstwerden dessen, dass wir die Wahrheit nicht als Sicherheit in den Händen haben - sondern geworfen sind und angewiesen auf die Wahrheit, die uns entgegenkommt. Das ist die Wirklichkeit des Glaubens in jeder Religion - also so, wie sie der Schöpfer als dem Menschen gemäß eingerichtet hat.

Nun sage ich nicht, dass es den Elefanten gar nicht gibt. Den einen Gott, auf den wir alle zugehen, von dem wir alle einen Teil erkennen, der aber letztlich der Große, der Eine, Derselbe ist. Aber ich sage auch nicht, dass es ihn gibt. Denn ich bin als eine der Blinden, angewiesen auf das, was sich mir gezeigt und was mein Herz gewonnen hat. Damit muss ich mich begnügen, dem Vertrauen lernen. Denn ich bin als Mensch nicht Gott und somit unfähig, die Metaperspektive einzunehmen. Gemeinsamkeiten und Unterschiede in den Religionen gibt es genug, um für das eine oder das andere zu argumentieren.

Aber es gibt nun einmal keine bewährte Offenbarung außerhalb der einzelnen Religionen, die uns den Elefanten als Ganzes beschreiben könnte. Unser Nachdenken darüber und Hoffen darauf bleibt genau das - weil der Erzähler der Weltgeschichte uns Blinden noch nichts vom Elefanten verraten hat.

An dieser Position kann man stehen bleiben. Aber man verpasst einen großen Reichtum. Denn der liegt vielleicht nicht darin, dass man sicher sein kann, Gott (oder den Elefanten) schon ganz zu erkennen, wenn man nur alle Religionen und Betastungsversuche zusammen nimmt - sondern darin, dass in der Unterschiedlichkeit die eigene Position besonders deutlich wird. Dass man sie formulieren, erklären und vertreten lernen muss. Und dafür muss man sie oft besonders tief ergründen. Die Schönheit dessen, dass die Blinden nicht auch noch stumm sind, liegt in dieser Möglichkeit, die Einzigartigkeiten des eigenen Betastens und die Gemeinsamkeiten mit den anderen Tastenden erkennen zu können. Deshalb lohnt sich interreligiöser Dialog für sowohl die einzelnen Glaubenden - als auch für die Weltgemeinschaft.

Das pluralistische Denkmodell geht noch einen Schritt weiter. Es geht von der Gleichwertigkeit aller Religionen aus. Es gibt einen Gott, verschiedene Wege führen zu ihm. Eine pluralistische Deutung des Märchens hat einer unserer Autoren gewagt:

Dieses Märchen ist für einen unserer Autor*innen ein schönes Gleichnis für das Miteinander der Religionen, allerdings sollte es nicht im Streit, sondern im Gespräch, im Austausch enden.

Ganz am Anfang wird erzählt, dass zur Religion immer auch Aktivität, vor allem auch eine gehörige Portion Neugierde dazugehören. Ich muss etwas tun, aktiv werden, um religiöse Erfahrung zu machen, muss mich also aufmachen, suchen, fühlen, erspüren, mich vorantasten.

Das ist aber noch nicht alles. Die Geschichte lehrt noch mehr. Das, was man im Glauben begriffen hat, soll auch kommuniziert, das heißt in vernünftige Worte gefasst, zur Sprache gebracht, dann auch mit anderen Erfahrungen abgeglichen werden. Dann kommt die entscheidende Erkenntnis der Elefanten-Geschichte: Das Gespräch, in dem jeder nur recht haben will, und jeder nur seinen eigenen Erfahrungen traut, führt nicht weiter. Das führt einerseits zum Streit, das verhindert andererseits eine Vertiefung der Erfahrung. Positiv gewendet heißt das: Zum Glauben gehört immer auch der Dialog.

Der für das Christentum wichtige Theologe F.D.E. Schleiermacher hat das auf die Formel gebracht: „Die Religion hasst die Einsamkeit“. Grundlage des Gesprächs ist der Respekt vor und die Offenheit gegenüber der Erkenntnis und Erfahrung des anderen. Der Austausch, das Gespräch kann dann dazu führen, dass ich tiefer in das Göttliche einzudringen vermag. Interreligiöse Begegnungen und interreligiöses Lernen weiten meinen Horizont.

Was passiert dabei? Innerlich gleiche ich das, was mir die Andere erzählt, mit meinen religiösen Erfahrungen ab. Oft gibt es ähnliche Erkenntnisse, die sich mit meinen decken, manchmal auch Befremdliches, das ich nicht verstehen kann. Fast immer aber verhilft mir das Gespräch mit anderen Religionen, meinen eigenen Glauben besser zu verstehen.

Schlussendlich lehrt der ehrliche, offene Dialog auch Demut, erzählt das Märchen. Ich erfasse immer nur einen Teil, niemals das Ganze. Die volle, absolute Wahrheit, die wir mit Gott benennen, werden wir nie vollkommen erfassen können. Wir haben immer nur einen Teil in der Hand. Es gibt einen „Gott über Gott“ (Paul Tillich), den wir Menschen nie ganz begreifen können. Unser Glaube, unsere Gotteserfahrung ist immer nur fragmentarisch.

Ausgewählte Literatur

- Goleman, Daniel: Soziale Intelligenz, München 2006
- Hilger, Georg/Leimgruber, Stephan/Ziebertz, Hans-Georg (Hg.): Religionsdidaktik. Ein Leitfaden für Studium, Ausbildung und Beruf, München 2008, 5. Aufl.
- Lähnemann, Johannes: Evangelische Religionspädagogik in interreligiöser Perspektive, Göttingen 1998
- Leimgruber, Stephan: Interreligiöses Lernen, München 2007
- Noormann, Harry/Becker, Ulrich/Trocholepczy, Bernd (Hg.): Ökumenisches Arbeitsbuch Religionspädagogik, Stuttgart 2007, 3. Aufl.
- Schweiter, Friedrich/Ulfat, Fahimah: Dialogisch - kooperativ – elementarisiert. Interreligiöse Einführung in die Religionsdidaktik aus christlicher und islamischer Sicht, Göttingen 2022
- Selman, Robert: Die Entwicklung des sozialen Verstehens, Frankfurt 1985
- Sundermeier, Theo: Den Fremden verstehen. Eine praktische Hermeneutik, Göttingen 1996

Literaturtipps für die Schülerschaft:

Für die Schule eignen sich folgende Bibelübersetzungen:

- Lutherbibel (neueste revidierte Übersetzung)
- BasisBibel (aktuelle Ausgabe)
- Einheitsübersetzung (aktuelle Ausgabe)

Folgende Koranübertragungen sind in kindgerechter Sprache:

- Kaddor, L., Müller, R. (2019): Der Koran für Kinder und Erwachsene. München: C.H.Beck
- Mohagheghi, H., Steinwede, D. (2016): Was der Koran uns sagt. Für Kinder in einfacher Sprache. München: Cornelsen

Als Koranübersetzungen für Lehrkräfte empfehlen wir:

- Bobzin, Hartmut (2019): Der Koran. München: C.H.Beck
- Henning, Max (2010): Der Koran. Vollständige Ausgabe. Hamburg: Nikol
- Paret, Rudi (2015): Der Koran. Stuttgart: Kohlhammer

In jüdischen Schulen wird häufig die Heilige Schrift von Leopold Zunz in Hebräisch und Deutsch benutzt.